故宮博物院 編

故宮博物院藏殷墟甲骨文

謝伯殳卷〔叁〕

附編 華東師範大學藏謝伯殳等甲骨

中華書局

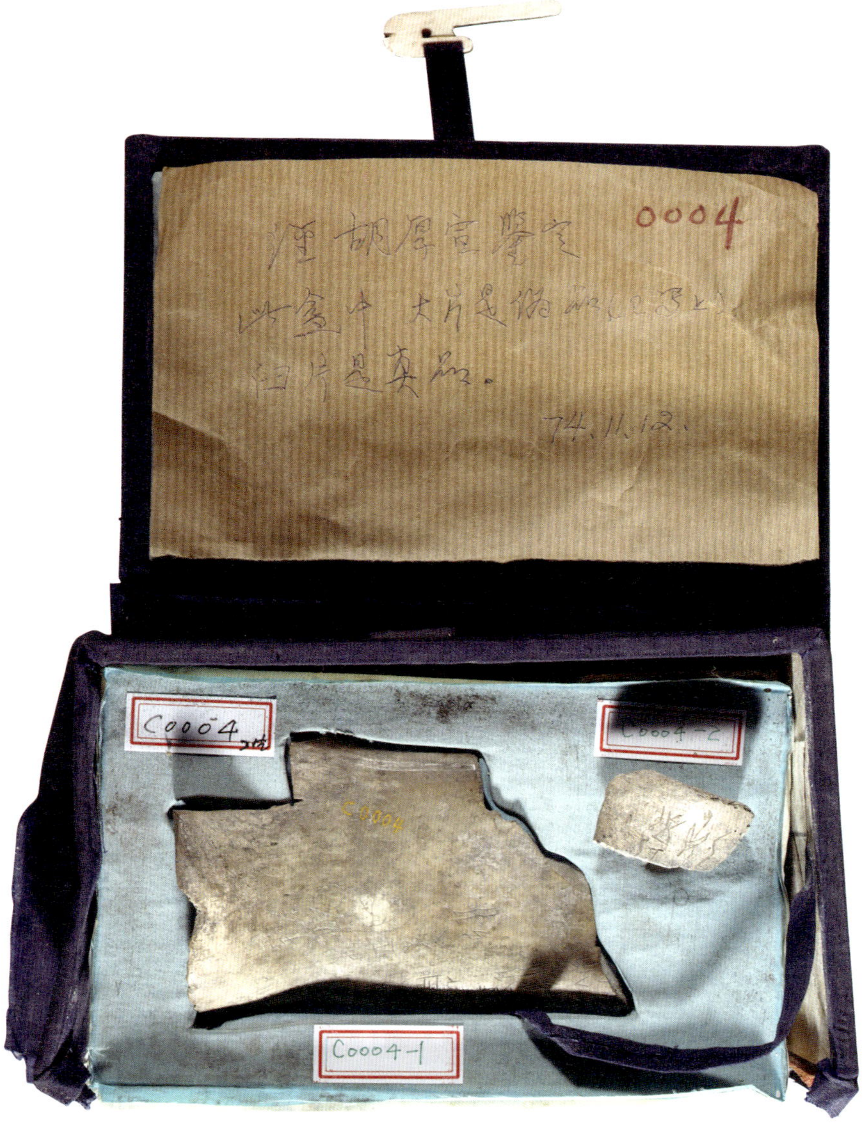

館藏號 C0004 原始盒裝照片

館藏號 C0006 原始盒裝照片

華東師範大學藏謝伯殳等甲骨情況介紹

王進鋒

華東師範大學歷史博物館（曾稱爲華東師範大學歷史系博物館、華東師範大學古錢幣博物館）收藏了一批甲骨，是由歷史系已故教授戴家祥先生（一九〇六至一九九八年）提供。戴家祥先生，浙江瑞安人。一九二六年，考取清華大學國學研究院，師從王國維先生，治經學和古文字學。畢業後，一九二九年，任廣州中山大學副教授；一九三一年，任浙江省立杭高教員；一九三四年，任南開大學經濟研究所研究員；一九三六年夏，受聘四川大學，爲副教授；一九三七年，回到浙江，任臺州中學教員；一九四五年，任英士大學副教授；一九五一年，任華東師範大學中文系教授；次年，轉入歷史系任教〔一〕。著有《金文大字典》《甲骨文的發現及其學術意義》等論著〔二〕，是一位著名的歷史學家和古文字學家。由戴先生提供的這批甲骨是華東師範大學歷史博物館中的重要文物。

這批甲骨由兩部分構成，其中極少部分有着另外的來源，而最多、最重要的一部分則是謝伯殳先生的舊藏。

謝伯殳先生，浙江餘姚人（餘姚過去别稱姚江），是一位富有的商人，曾經收藏了一批甲骨。他還將自己收藏的甲骨製作成拓片，編成《瓠廬謝氏藏殷墟遺文》拓本集出售。胡厚宣先生、北京大學圖書館、北京圖書館金石組、故宫博物院金石組、傅斯年先生、日本東京大學的松丸道雄教授分别購買了一册。松丸道雄教授還將該拓本集加上解題影印出版〔三〕。

一九四七年前後，謝伯殳收藏的甲骨實物開始在市場上出售。應該在此之後，謝氏所藏的甲骨小部分通過戴家祥先生流入華東師範大學，大部分則流入了故宫博物院〔四〕。

華東師範大學歷史博物館所藏甲骨，僅一部分曾在《甲骨續存》著録〔五〕，有些則一直没有對外公布。

二〇一七年六月，我們與故宫博物院合作，給這批甲骨製作了精良的拓片，並拍攝了高清的照片。這次借助《故宫博物院藏殷墟甲骨文·謝伯殳卷》的出版，我們也將這批甲骨作爲該卷附編，全部著録出版，以供研究者和感興趣者參考使用。

二〇一九年一月二十三日

〔一〕雷群明《記金文專家戴家祥》，《書城》一九九五年第一期。秦維憲《王國維唯一健在的弟子戴家祥》，《世紀》一九九七年第三期。
〔二〕戴家祥《金文大字典》，上海：學林出版社，一九九五年五月；《甲骨文的發現及其學術意義》，《歷史教學問題》一九五七年第三期。
〔三〕［日］松丸道雄《謝氏瓠廬殷墟遺文》，東京：汲古書院影印本，一九七九年九月。
〔四〕胡厚宣《關於〈瓠廬謝氏殷墟遺文〉的藏家》，《華夏考古》一九九二年第一期。
〔五〕胡厚宣《甲骨續存》（下），上海：群聯出版社影印本，一九五五年十二月。

目録

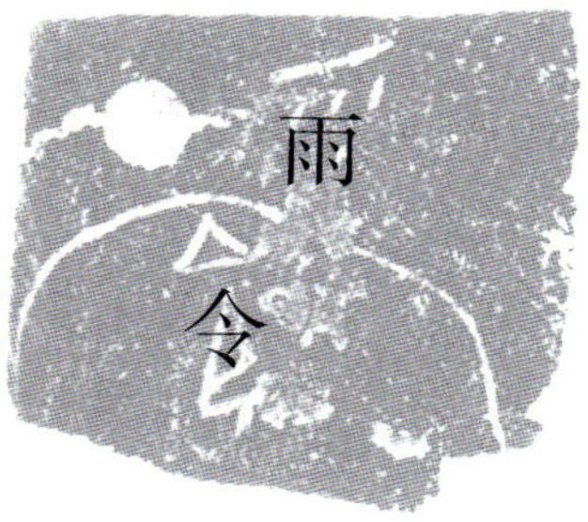

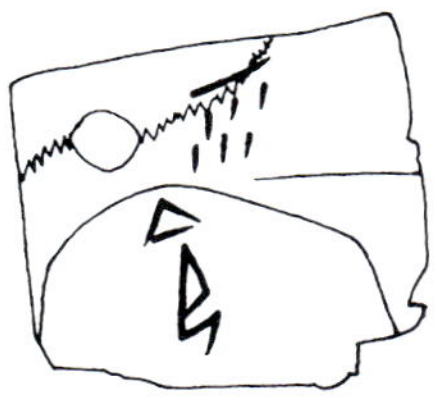

一　某日問雨等事

本甲正面存辭二條，有界劃綫。反面無字。

（一）□雨。

（二）令□〔一〕

【簡釋】

〔一〕本甲左上角有穿孔，上邊及左側經截鋸整治。同類現象另見松丸道雄《散見於日本各地的甲骨文字》第二二五頁；山東大學東方考古研究中心等《濟南市大辛莊遺址出土商代甲骨文》第四頁；《花東》第一冊，第四十八至四十九頁；《安陽殷墟大司空村東南地二〇一五至二〇一六年發掘報告》第五四〇至五四一頁等。

【備注】

組類：𠂤組

材質：龜腹甲

尺寸：長二·五、寬二·四厘米

著録：《京》三二〇〇、《續存》下五九二、《謝》八八、《合》二〇九八二

來源：華東師大購入謝伯殳舊藏

館藏號：二一一〇一－〇二

二　某日貞令某事

本骨正面存辭一條。反面無字。

（一）⧄□貞：［隹］⧄□令［隹］⧄

【備注】

組類：自組

材質：牛肩胛骨

尺寸：長二·九、寬一·五厘米

著録：《謝》七八

來源：華東師大購入謝伯殳舊藏

館藏號：二一〇二－一四

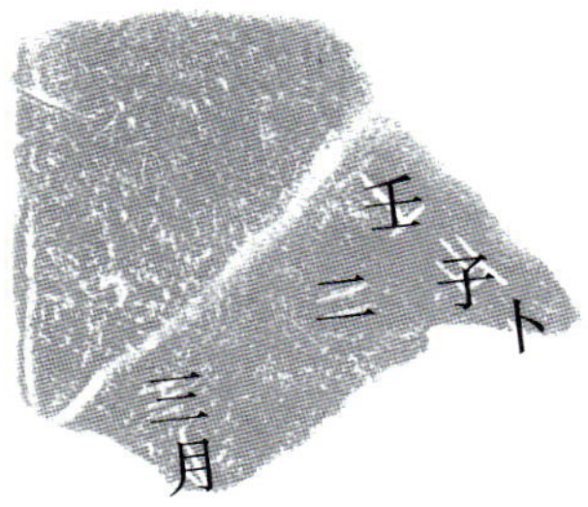

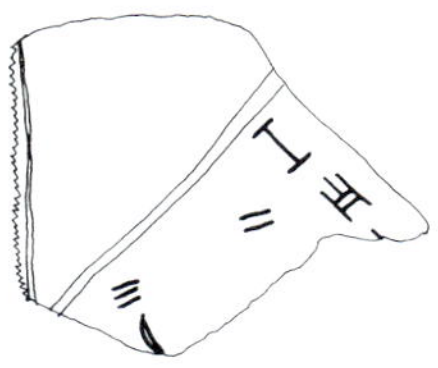

三　三月壬子卜某事

本甲正面存辭一條。反面無字。

（一）壬子［卜］☐三月。　二

【備注】

組類：𠂤組

材質：龜腹甲

尺寸：長四・一、寬三・二厘米

著録：《謝》一二四

來源：華東師大購入謝伯殳舊藏

館藏號：二一〇一－〇六

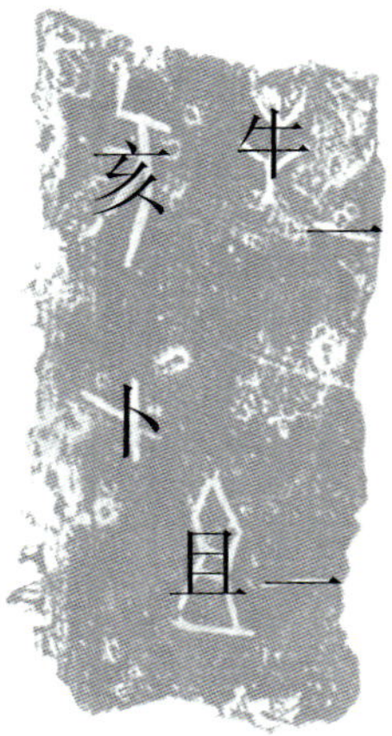

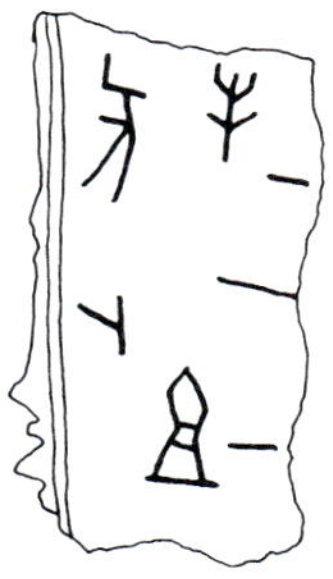

四　亥日卜用牛祀祖某等事

本甲正面存辭二條。反面無字。

（一）一

（二）☐亥卜☐牛且（祖）☐　一

【備注】

組類：自賓

材質：龜腹甲

尺寸：長三・九、寬二・〇厘米

著録：《京》八二二（不全）、《謝》七七、《合》二〇九三（不全）

來源：華東師大購入謝伯殳舊藏

館藏號：二二〇一-二二

五　某日問禦祖丁十宰等事

本甲正反面各存辭一條。

〔正面〕

（一）〼［且（祖）］丁钔（禦）〼十宰。二

〔反面〕

（一）［辛］亥〼

【備注】

組類：自賓

材質：龜腹甲

尺寸：長二·五、寬二·一厘米

著録：〔正〕《京》七一五、《續存》下二〇五、《謝》一一二；〔正反〕《合》一八五二

來源：華東師大購入謝伯殳舊藏

館藏號：C〇〇〇六－六

六　壬日卜取與某日禱用牛等事

本甲正面存辭二條。反面無字。

（一）壬☐卜☐取☐　一　二

（二）☐［桒（禱）］☐牛☐

【備注】

組類：自賓

材質：龜甲

尺寸：長三・四、寬二・八厘米

著録：《京》一〇二二、《謝》七五、《合》一一一二七

來源：華東師大購入謝伯殳舊藏

館藏號：C〇〇〇六-四

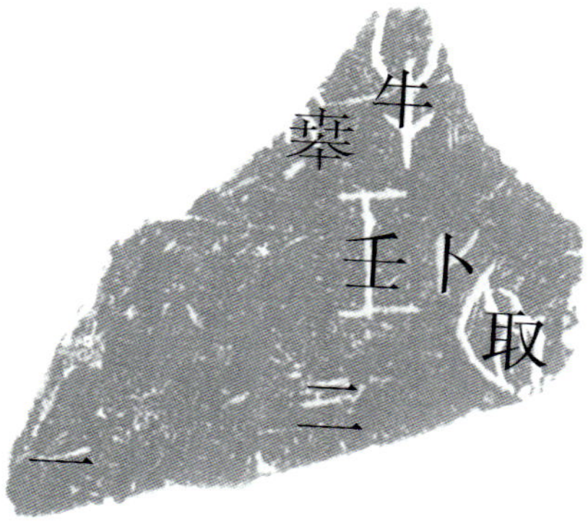

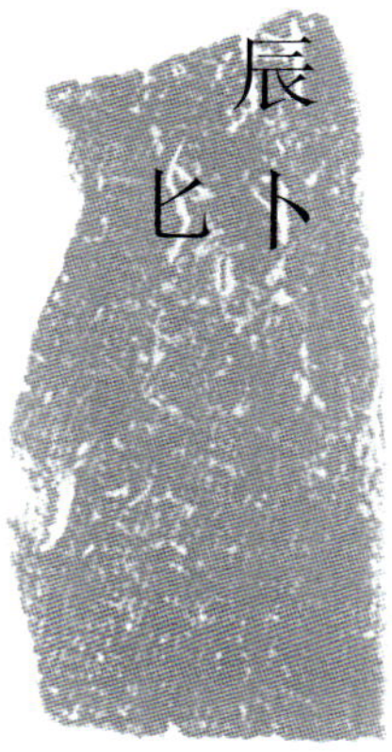

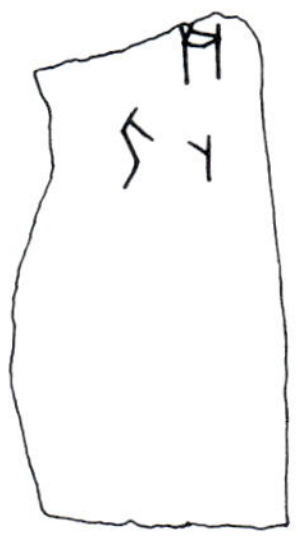

七　辰日卜妣事

本骨正面存辭一條。反面無字。

（一）□［辰］卜□匕（妣）□

【備注】

組類：自賓

材質：牛肩胛骨

尺寸：長三・六、寬一・八厘米

著録：《謝》六〇

來源：華東師大購入謝伯殳舊藏

館藏號：二一〇三－〇五

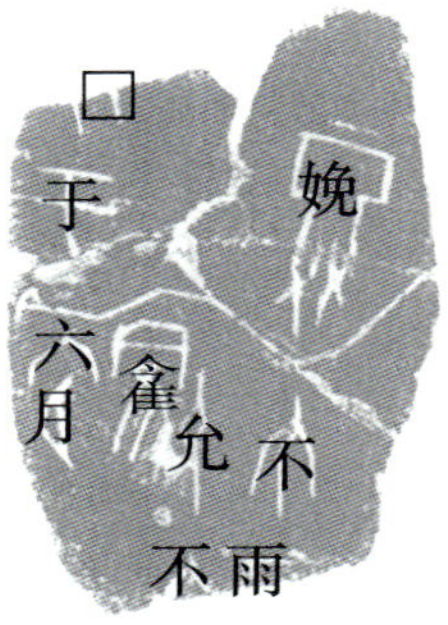

八　六月某日問不雨陰與娩等事

本甲正面存辭二條，有界劃綫。反面無字。

（一）☐不［雨］。☐允［不］☐侌（陰）。
六月。

（二）☐娩☐☐于☐

【備注】

組類：𠂤賓

材質：龜腹甲

尺寸：長二・八、寬二・一厘米

著録：《京》五二一一、《續存》下九〇、《謝》一一七、《合》一三四五八

來源：華東師大購入謝伯殳舊藏

館藏號：C〇〇〇六－八

九　庚午問雨事

本甲正面存辭一條。反面無字。

（一）庚午☐雨。

【備注】

組類：自賓

材質：龜腹甲

尺寸：長二・八、寬二・〇厘米

著録：《京》四〇五、《謝》九八、《合》一一八二六

來源：華東師大購入謝伯殳舊藏

館藏號：二一〇一－〇八

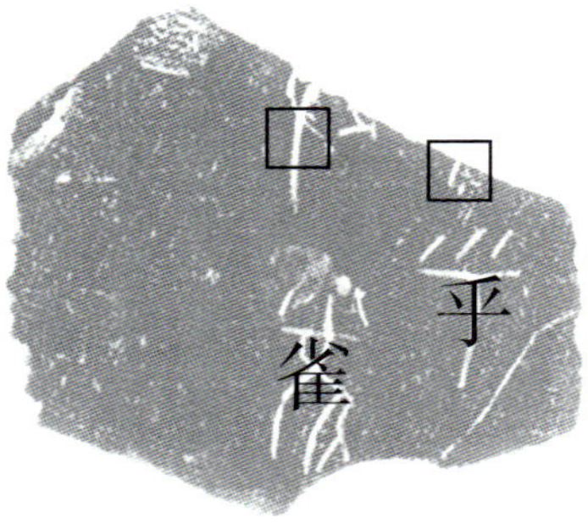

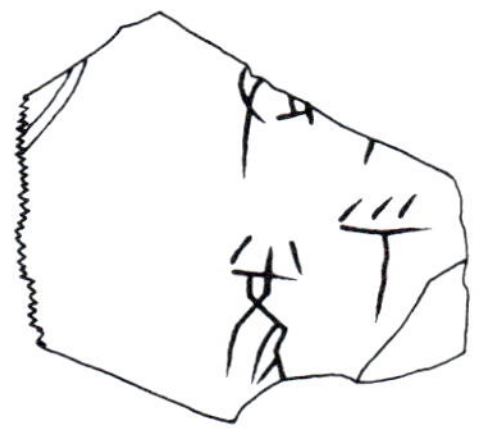

一〇　某日問呼雀事

本甲正面存辭一條，有界劃綫。反面無字。

（一）〼□乎（呼）〼□雀〼

【備注】

組類：自賓

材質：龜腹甲

尺寸：長二・六、寬二・八厘米

著録：《京》二一三九、《謝》二〇八、《合》四一六八

來源：華東師大購入謝伯殳舊藏

館藏號：二一〇一－〇四

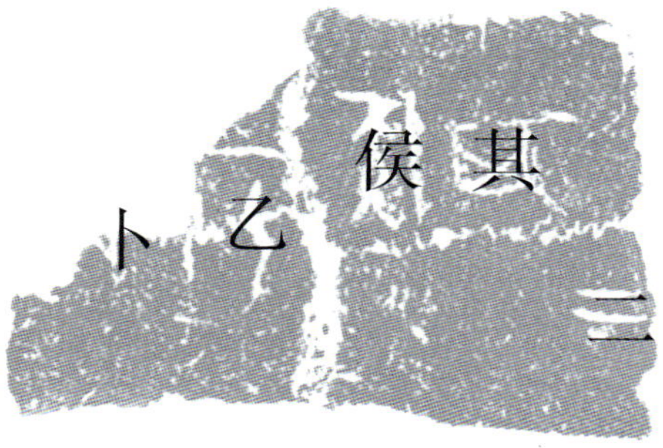

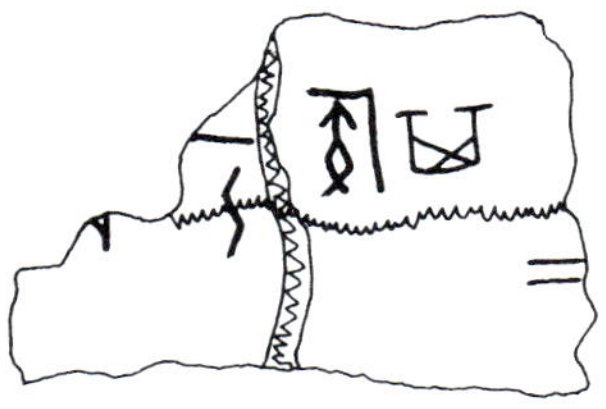

二　某日問侯等事

本甲正面存辭二條，有界劃綫。反面無字。

（一）乙☒［卜］☒

（二）☒侯☒其☒　二

【備注】

組類：自賓

材質：龜腹甲

尺寸：長三・一、寬二・一厘米

著録：《謝》二〇四

來源：華東師大購入謝伯殳舊藏

館藏號：二一〇一－二三

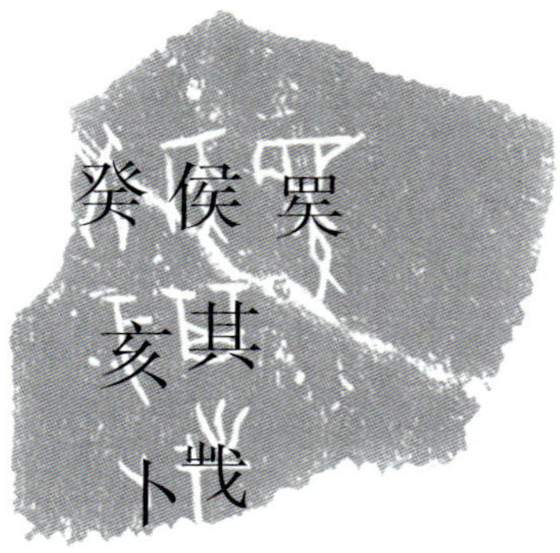

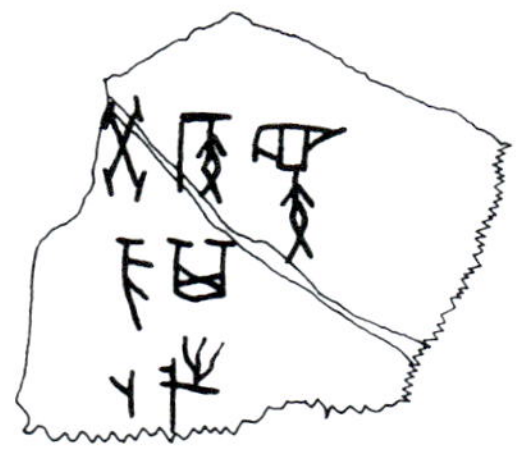

一二　癸亥卜侯其𢦏哭事

本甲正面存辭一條。反面無字。

（一）　癸亥卜：侯其［𢦏］〔一〕哭。〔二〕

【簡釋】

〔一〕「𢦏」或比定作「捷」「翦」等字。

〔二〕本甲可遥綴《合》三三七五，詳見方稚松綴，《拼集》第八五則。同文例可參《合》六八四一綴《合》三九九二三，詳見蔡哲茂《殷墟甲骨文字新綴五十一則》。

【備注】

組類：自賓

材質：龜腹甲

尺寸：長三・一、寬三・〇厘米

著録：《京》一三三九、《續存》下三一四、《謝》九三、《合》六八四〇

來源：華東師大購入謝伯殳舊藏

館藏號：C〇〇〇六-七

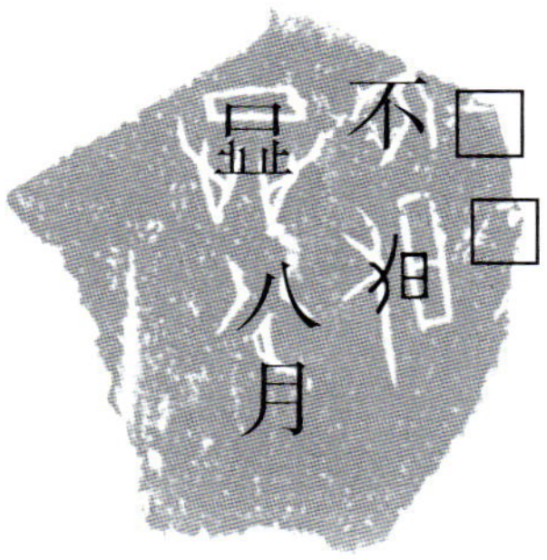

一三　八月某日問不狛圍事

本甲正面存辭一條，有界劃綫。反面無字。

（一）☑☐☐☑不狛☑𡉚（圍）。八月。〔一〕

【簡釋】

〔一〕本甲可遥綴《合》六六七六，詳見吴麗婉綴，《拼五》第一一八六則。又，本甲左側邊緣近界劃綫處似有殘筆。

【備注】

組類：𠂤賓

材質：龜腹甲

尺寸：長二·八、寬二·二厘米

著録：《京》二五八五（全）、《續存》下三二五（全）、《謝》二六〇（全）、《合》七六四六

來源：華東師大購入謝伯殳舊藏

館藏號：二一〇一－一八

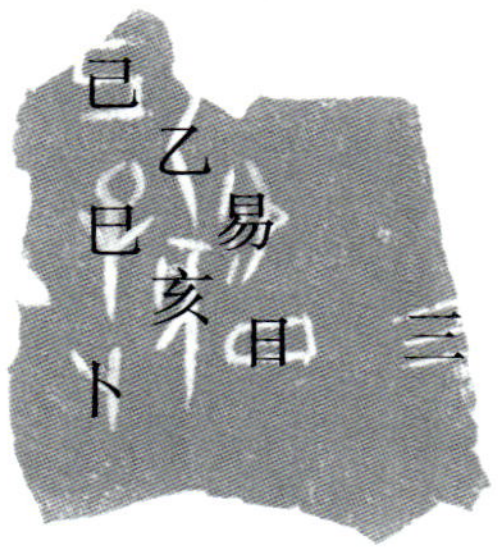

一四　己巳卜乙亥易日事

本骨正面存辭一條。反面無字。

（一）　己巳卜：［乙］亥易日。　三

【備注】

組類：𠂤歷

材質：牛肩胛骨

尺寸：長二·六、寬二·四厘米

著録：《京》三八一一、《續存》下七三二、《謝》一一九、《合》三四〇一九

來源：華東師大購入謝伯殳舊藏

館藏號：二一〇二一－一二

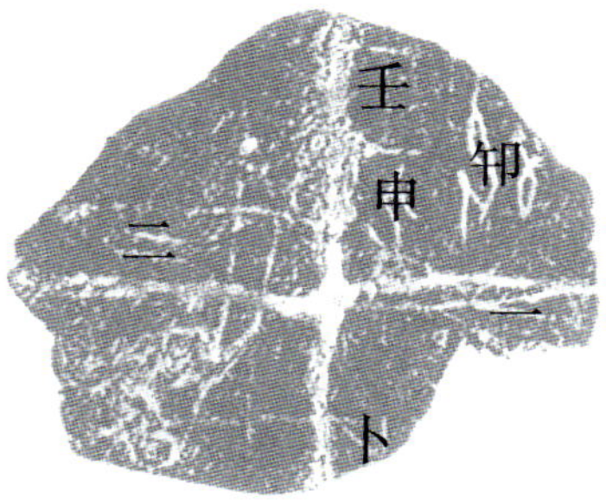

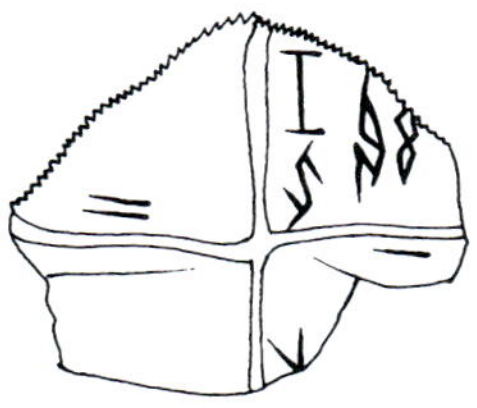

一五　壬申卜禦事

本甲正面存辭一條。反面無字。

（一）壬申［卜］☐卸(禦)☐　一　二

【備注】

組類：賓組

材質：龜腹甲

尺寸：長二·六、寬三·三厘米

著録：《謝》二〇七

來源：華東師大購入謝伯殳舊藏

館藏號：二一〇一-〇三

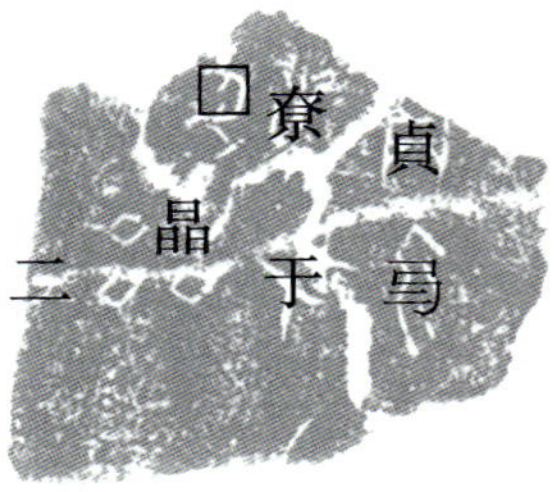

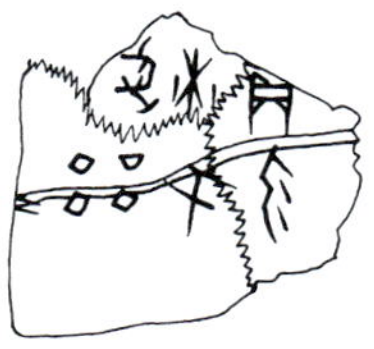

一六　某日貞勿燎于某星事

本甲正面存辭一條。反面無字。

（一）貞：弓（勿）尞（燎）于□，晶（星）〼　二

【備注】

組類：賓組

材質：龜腹甲

尺寸：長二・二、寬二・五厘米

著録：未見

來源：華東師大購入謝伯殳舊藏

館藏號：二一〇一－一一

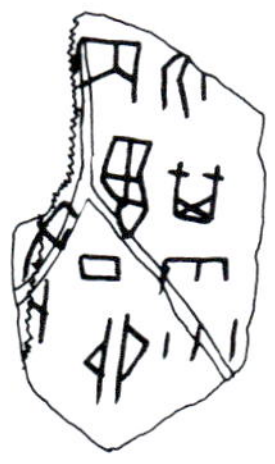

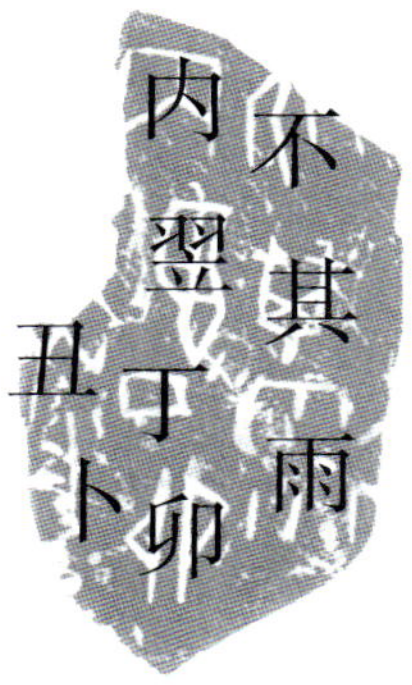

一七　丑日卜内問翌丁卯不其雨事

本甲正面存辭一條。反面無字。

（一）☐［丑］卜，内：翌丁卯［不］其雨。

【備注】

組類：賓組

材質：龜腹甲

尺寸：長三・一、寬一・七厘米

著録：《京》三九七、《續存》下一〇五、《謝》九一、《合》一二四五五

來源：華東師大購入謝伯殳舊藏

館藏號：C〇〇〇六-二

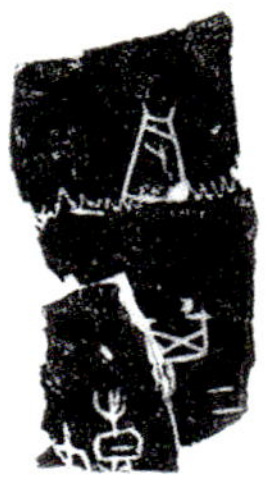

一八　某日問其艱等事

本甲正面存辭二條。反面無字。

（一）☐其☐［嬉（艱）］☐　［三］〔一〕

（二）☐𡆥〔二〕☐　一

【簡釋】

〔一〕本條兆序殘劃「二」，據《謝》一二一當爲「三」，釋文可補爲「貞：今☐其☐［嬉（艱）］☐　三」。

〔二〕「𡆥」或比定作「禍」「咎」「憂」等字。

【備注】

組類：賓組

材質：龜腹甲

尺寸：長三·二、寬一·六厘米

著録：《謝》一二一（全）

來源：華東師大購入謝伯殳舊藏

館藏號：二一〇一－二五

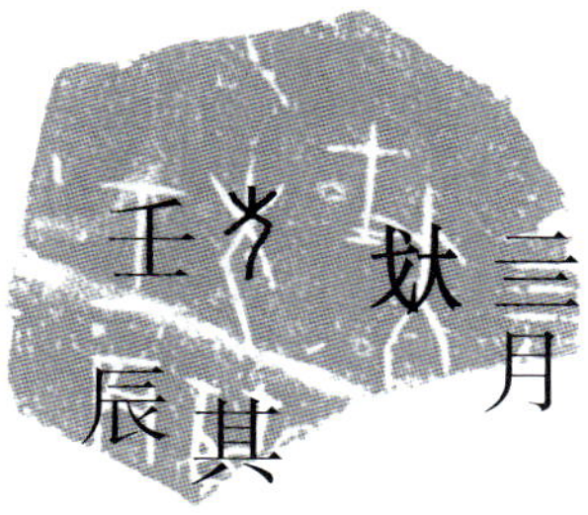

一九　四月壬辰問[illegible]妏等事

本甲正面存辭一條。反面無字。

（一）　壬辰☐[illegible]〔一〕［其］☐妏☐三（四）［月］。

【簡釋】

〔一〕「[illegible]」或比定作「失」「夬」等字。

【備注】

組類：賓組

材質：龜腹甲

尺寸：長二・三、寬二・九厘米

著録：《京》四九三、《京》二三八七、《續存》下四九三、《南坊》四・二三、《謝》二一四、《合》三一九一

來源：華東師大購入謝伯殳舊藏

館藏號：二一〇一一〇

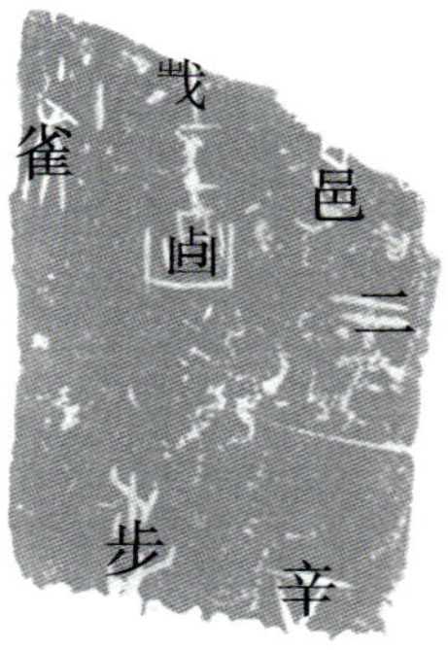

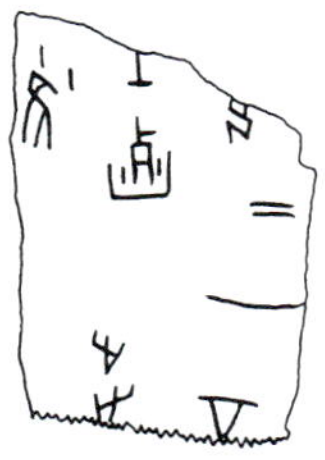

二〇　某日問辛日步與雀戠卣邑等事

本甲正面存辭二條。反面無字。

（一）［辛］☐［步］☐〔一〕

（二）☐［雀戠］〔二〕卣［邑］。　二

【簡釋】

〔一〕「戠」或比定作「捷」「翦」等字。

〔二〕本甲可綴《合補》一六八〇，綴合後釋文可補爲「☐卜，争貞：翌辛卯王步。　一／☐雀戠卣［邑］。　二」。詳見何會綴，《拼集》第二五九則。

【備注】

組類：賓組

材質：龜腹甲

尺寸：長三・〇、寬一・九厘米

著録：《京》一五二三、《續存》下四九四、《謝》一〇六、《合》七〇七八

來源：華東師大購入謝伯殳舊藏

館藏號：C〇〇〇六一一〇

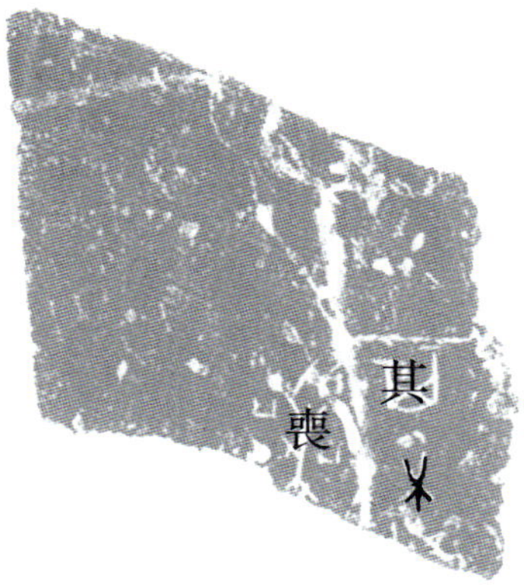

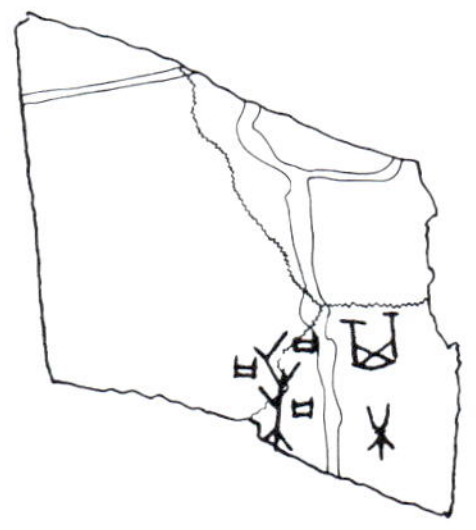

二二　某日問其〓喪事

本甲正面存辭一條。反面無字。

（一）其〓[一]☐［喪］☐

【簡釋】

［一］「〓」爲新見字。

【備注】

組類：賓組

材質：龜腹甲

尺寸：長三・五、寬二・六厘米

著録：《續存》下八二五、《合》四一三七九

來源：華東師大購入謝伯殳舊藏

館藏號：C〇〇〇六－五

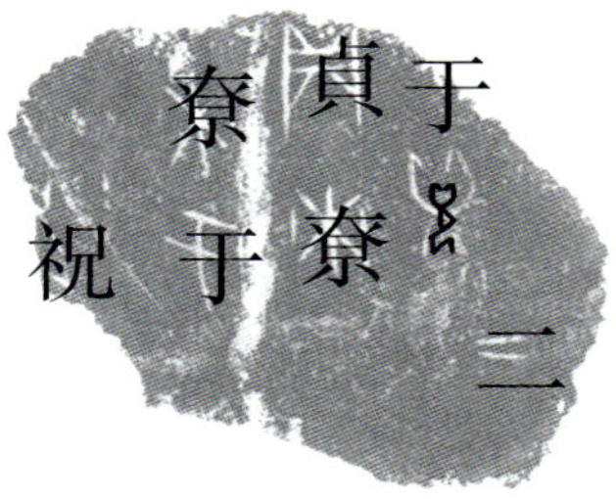

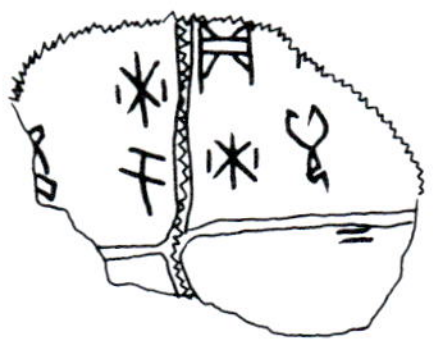
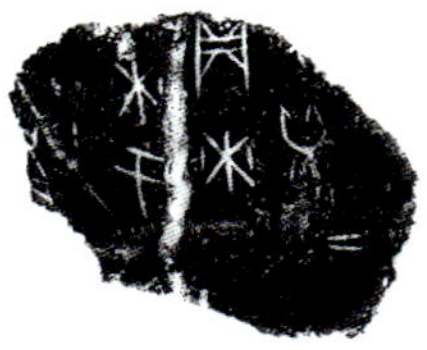

二三　某日貞燎于[?]與祝等事

本甲正面存辭二條。反面無字。

（一）貞：尞（燎）[于][?]。　二

（二）□尞（燎）于□[祝]。

【備注】

組類：賓組

材質：龜腹甲

尺寸：長二・三、寬二・九厘米

著録：《京》六一六、《續存》下一八一（不全）、《謝》三三六、《合》一四六六一

來源：華東師大購入謝伯殳舊藏

館藏號：C〇〇〇六一九

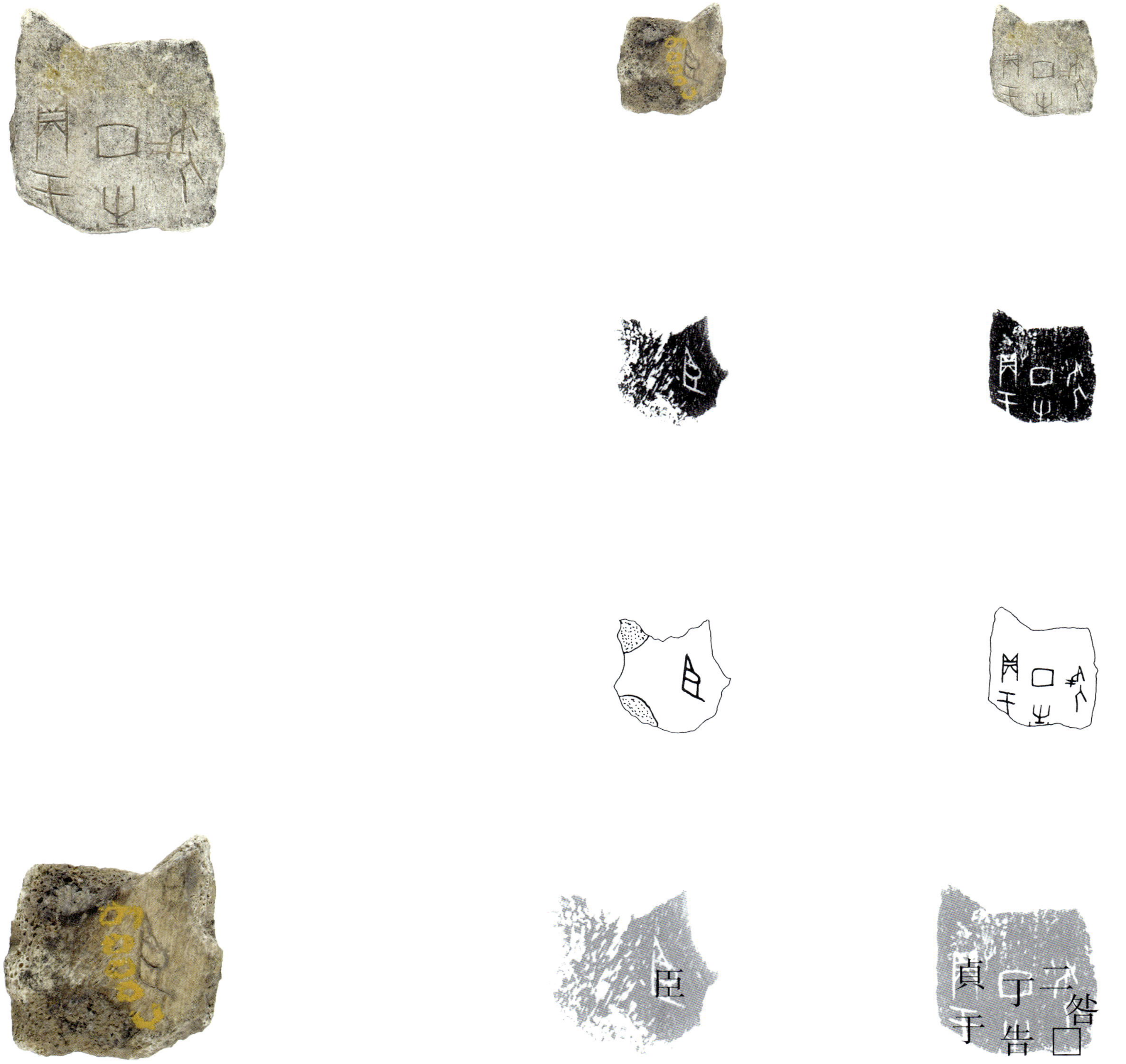

二三　某日貞于丁告咎等事

本甲正反面各存辭一條。

〔正面〕

（一）貞：［于］丁［告］咎□〼　二〔二〕

〔反面〕

（一）〼臣〼

【簡釋】

（一）兆序「二」疊刻在「咎」字構件「夊」下。

【備注】

組類：賓組

材質：龜腹甲

尺寸：長二・一、寬一・九厘米

著録：〔正〕《合》一七九四三；

〔正反〕《謝》二八九

來源：華東師大購入謝伯殳舊藏

館藏號：二一〇三－一七

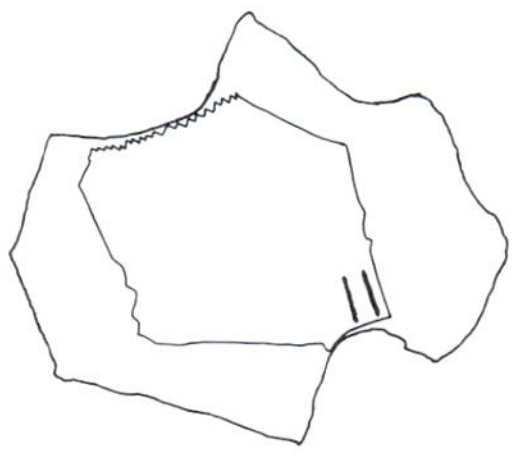

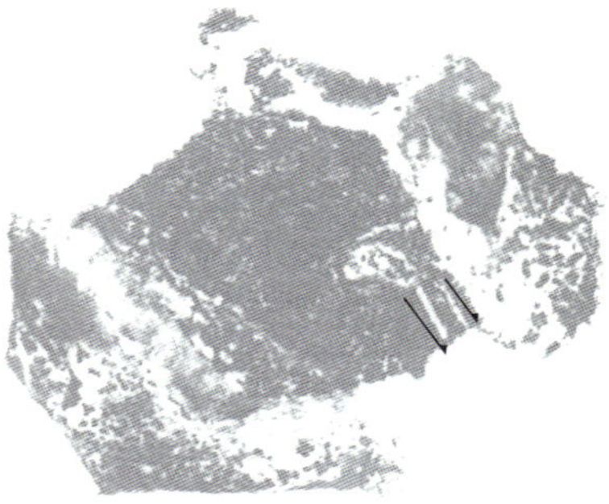
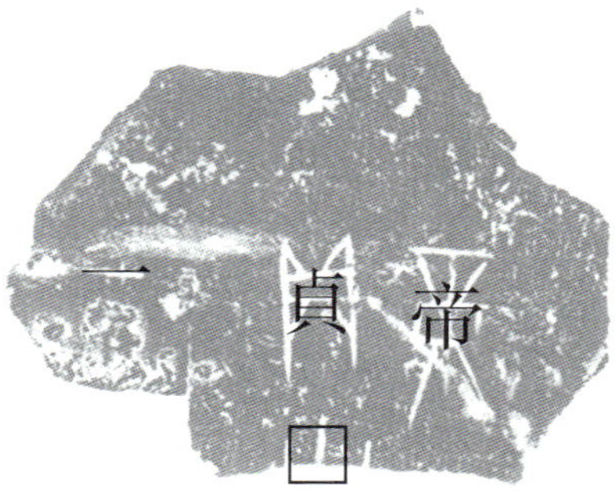

二四　某日貞禘等事

本甲正反面各存辭一條。

〔正面〕

（一）貞：□☒帝（禘）☒　一

〔反面〕

（一）　二〔二〕

【簡釋】

〔二〕本甲反面黏連另一龜腹甲殘片。兆序「二」爲黏連龜腹甲上刻辭。

【備注】

組類：賓組

材質：龜腹甲

尺寸：長二・八、寬三・三厘米

著録：《謝》八四

來源：華東師大購入謝伯殳舊藏

館藏號：二一〇一－一九

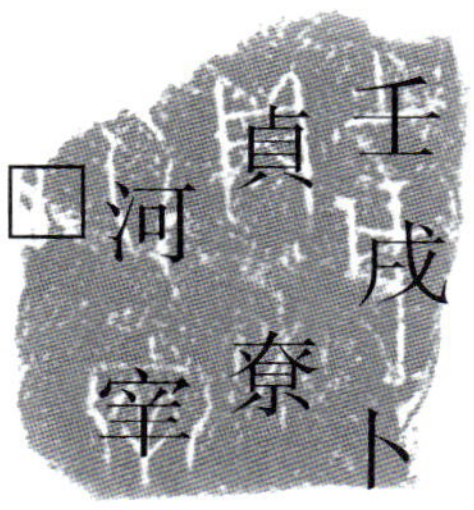

二五　壬戌卜貞燎河宰事

本甲正面存辭一條。反面無字。

（一）［壬］戌［卜］☐貞：尞（燎）☐河宰□☐

【備注】

組類：賓組

材質：龜腹甲

尺寸：長二·三、寬二·二厘米

著録：《京》五九七、《續存》下一七二、《謝》二〇二、《合》一四五六〇

來源：華東師大購入謝伯殳舊藏

館藏號：C〇〇〇六-三

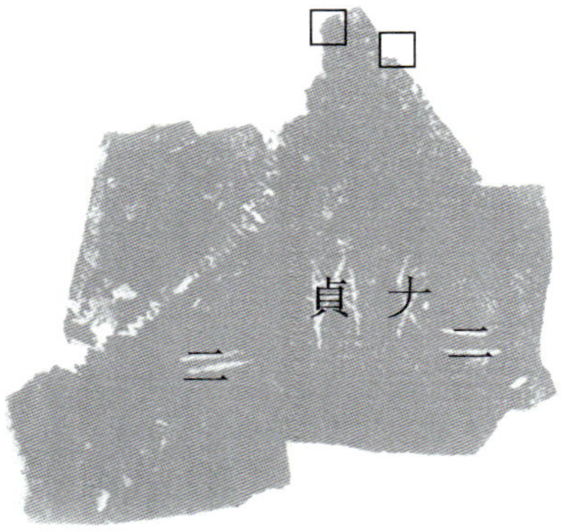

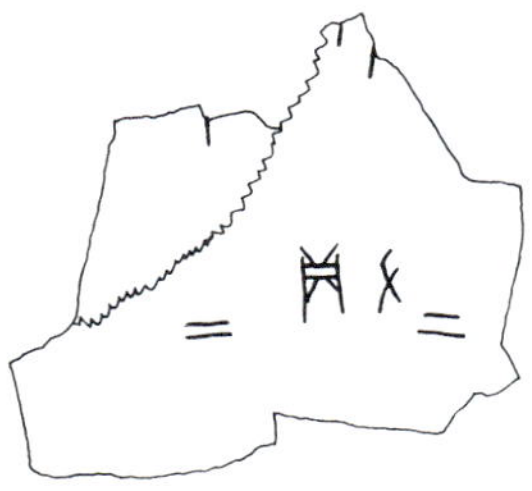

二六　某日貞左等事

本甲正面存辭三條。反面無字。

（一）貞▨ナ（左）▨　二

（二）二

（三）▨□▨□▨

【備注】

組類：賓組

材質：龜腹甲

尺寸：長三・三、寬三・五厘米

著録：《謝》八八

來源：華東師大購入謝伯殳舊藏

館藏號：二一〇一－〇七

二七　某日問其雨事

本甲正面存辭一條。反面無字。

（一）　其雨。

【備注】

組類：賓組

材質：龜腹甲

尺寸：長三・〇、寬一・六厘米

著録：《續存》下九二、《謝》三五五

來源：華東師大購入謝伯殳舊藏

館藏號：二一〇二一一七

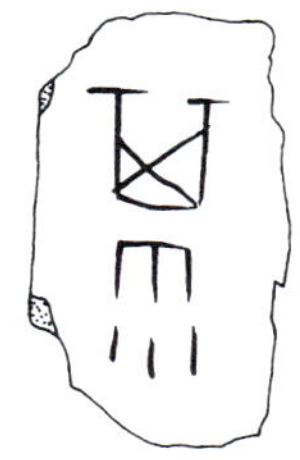

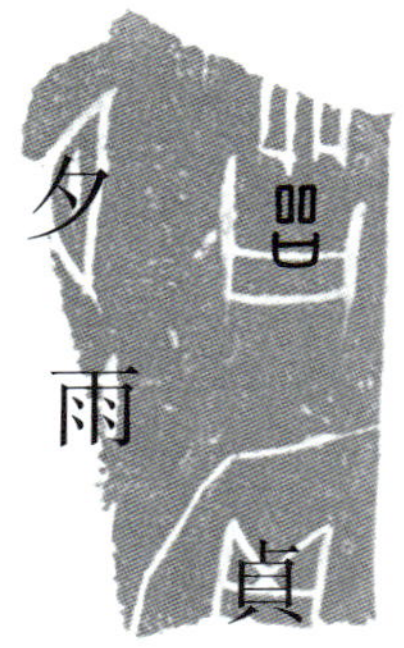

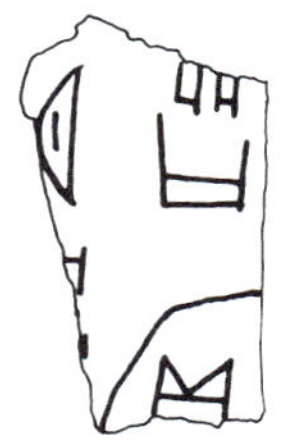

二八　某日[?]問夕雨等事

本甲正面存辭二條，有界劃綫。反面無字。

（一）［貞］⍁

（二）⍁［[?]］⍁夕雨⍁

【備注】

組類：賓組

材質：龜背甲

尺寸：長二・九、寬一・五厘米

著録：《謝》三五六

來源：華東師大購入謝伯殳舊藏

館藏號：二一〇一－一四

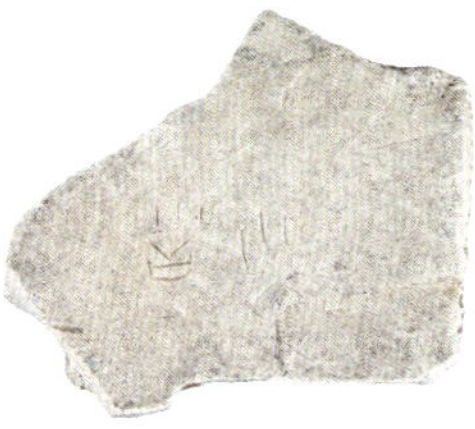

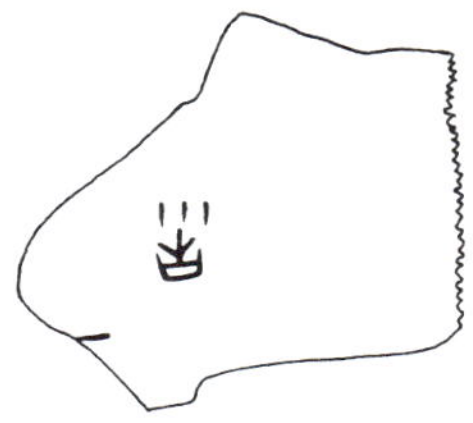

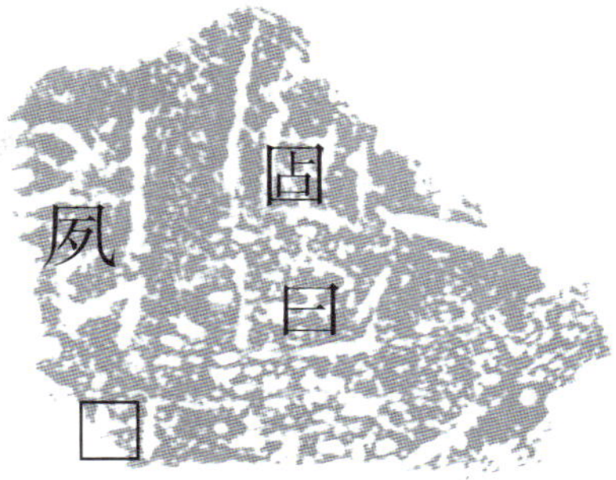

二九　一小告與占曰凤等字殘辭

本甲正面存辭二條。反面存辭一條。

〔正面〕

（一）一

（二）小告

〔反面〕

（一）☒〔固（占）〕曰☒〔凤〕□☒

【備注】

組類：賓組

材質：龜腹甲

尺寸：長二・八、寬二・二厘米

著録：《謝》八六

來源：華東師大購入謝伯殳舊藏

館藏號：二一〇一－二三

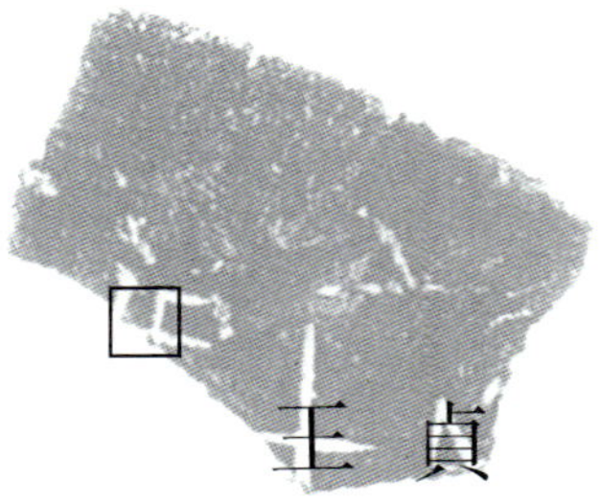

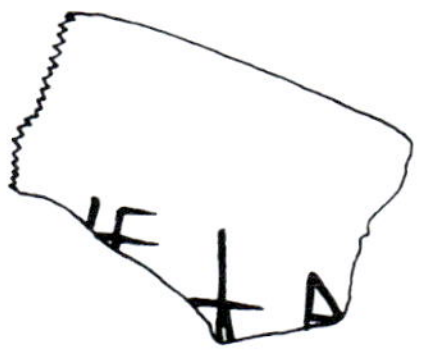

三〇　某日貞王事

本甲正面存辭一條。反面無字。

（一）［貞］☒［王］☒□☒

【備注】

組類：賓組

材質：龜腹甲

尺寸：長一・九、寬二・九厘米

著録：《謝》一〇八（全）

來源：華東師大購入謝伯殳舊藏

館藏號：二一〇二－一五

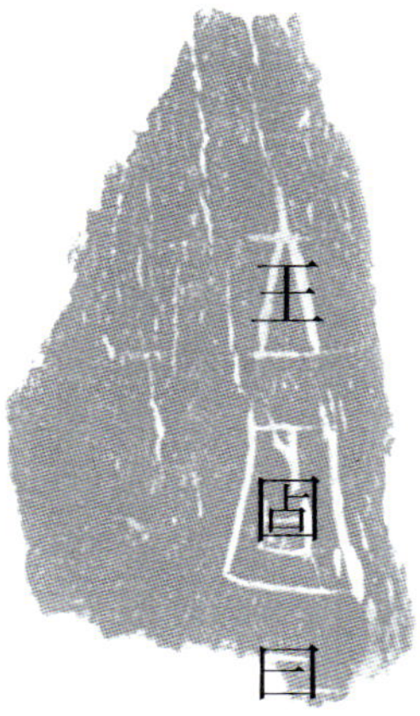

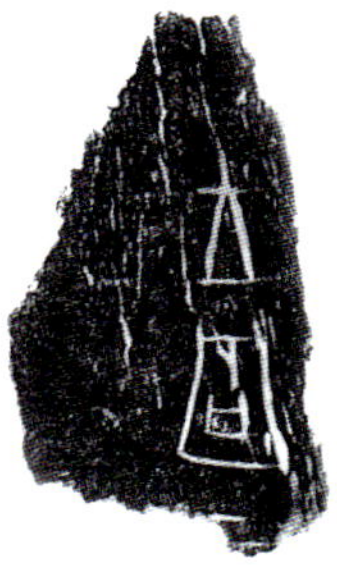

三一　某日王占曰事

本骨正面存辭一條。反面無字。

（一）王固(占)[曰]☐

【備注】

組類：賓組

材質：牛肩胛骨

尺寸：長三・八、寬一・八厘米

著録：《謝》三三七

來源：華東師大購入謝伯殳舊藏

館藏號：二一〇二一一八

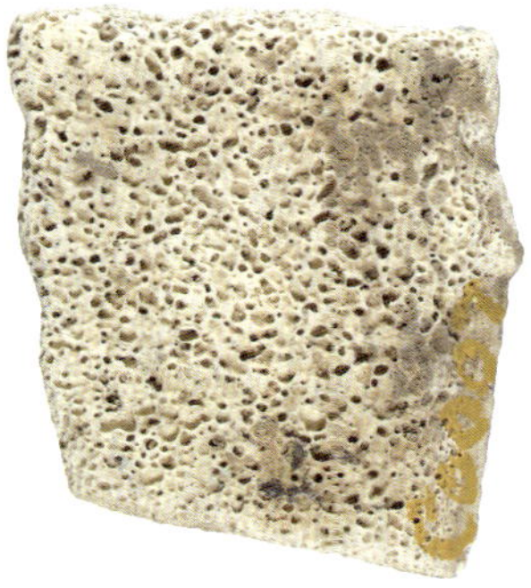

三二　甲午争貞翌乙等事

本甲正面存辭二條。反面無字。

（一）甲午☐争[貞]☐翌[乙]☐

（二）☐☐☐

【備注】

組類：賓組

材質：龜腹甲

尺寸：長二・一、寬二・三厘米

著録：《謝》二〇五

來源：華東師大購入謝伯殳舊藏

館藏號：二一〇一－一五

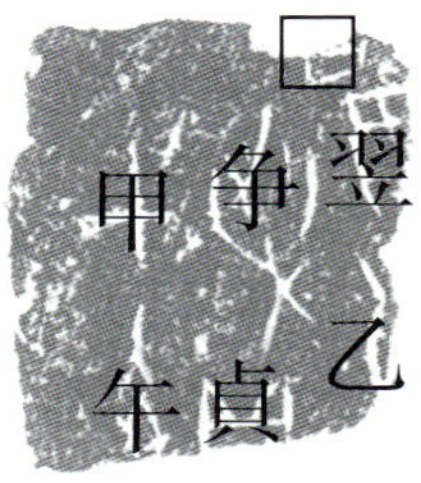

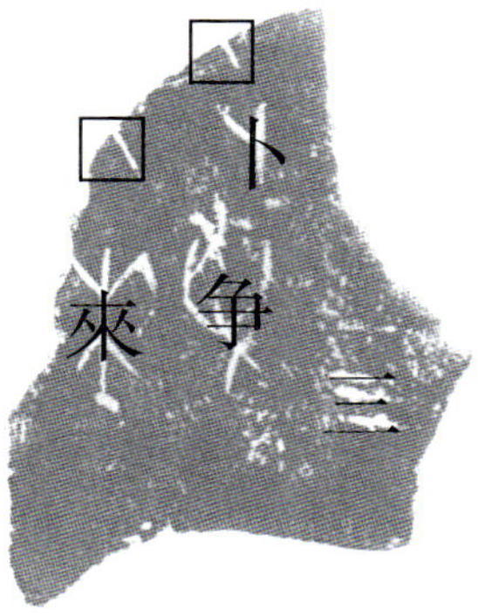

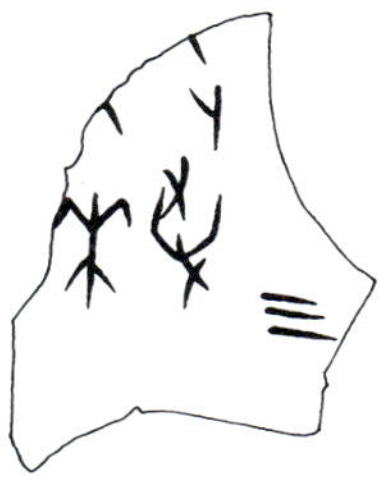

三三　某日卜争問某來事

本甲正面存辭一條。反面無字。

（一）⧄□卜，争⧄□來⧄　三

【備注】

組類：賓組

材質：龜腹甲

尺寸：長三・二、寬二・三厘米

著録：《謝》四〇八

來源：華東師大購入謝伯殳舊藏

館藏號：二一〇二一二〇

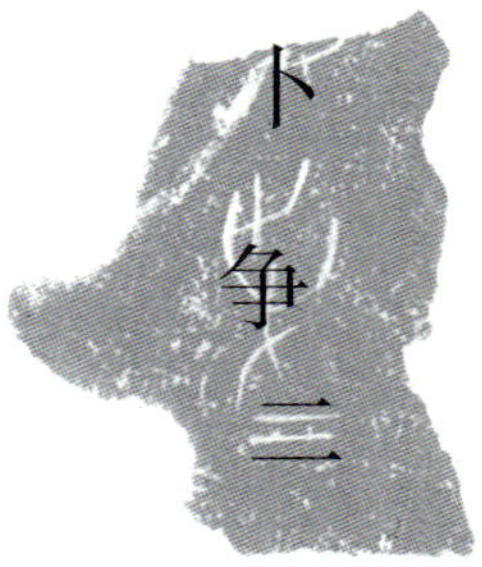

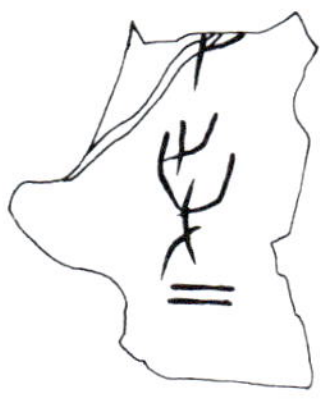

三四　某日卜争問某事

本甲正面存辭一條。反面無字。

（一）☐[卜]，争☐　二

【備注】

組類：賓組

材質：龜腹甲

尺寸：長二·五、寬二·〇厘米

著録：《謝》三六八

來源：華東師大購入謝伯殳舊藏

館藏號：二一〇二一-二四

三五　戊午貞與某日卜㱿問小臣等事

本甲正面存辭二條，有界劃綫。反面無字。

（一）戊［午］⧄貞⧄［不］⧄

（二）⧄□卜，㱿⧄小臣〔一〕⧄

【簡釋】

〔一〕「小臣」爲合文。

【備注】

組類：賓組

材質：龜腹甲

尺寸：長三・一、寬二・一厘米

著録：《京》二一〇七、《續存》下四七五、《謝》五八、《合》五五八六

來源：華東師大購入謝伯殳舊藏

館藏號：二一〇二一二一

三六　某日卜㱿問某事與辛卯婦甲橋刻辭

本甲正面存辭一條。反面存辭二條。

〔正面〕

（一）☐［卜］，㱿☐

〔反面〕

（一）☐［曰］☐

（二）辛卯［帚（婦）］☐

【備注】

組類：賓組

材質：龜腹甲

尺寸：長四・八、寬二・三厘米

著録：〔正〕《京》一三；〔反〕《京》一四；

〔正反〕《謝》三五七

來源：華東師大購入謝伯殳舊藏

館藏號：二一〇一一一七

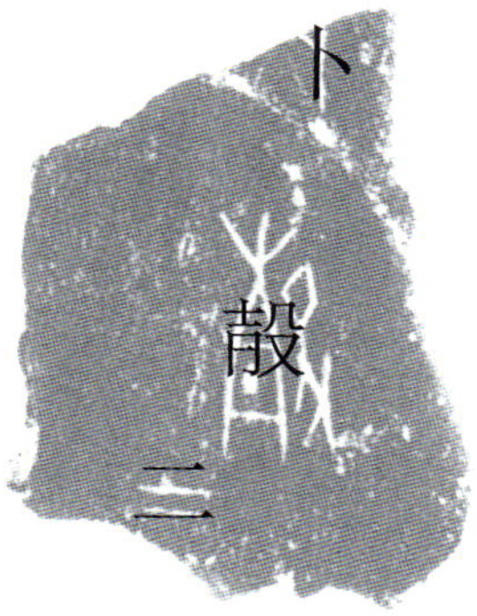

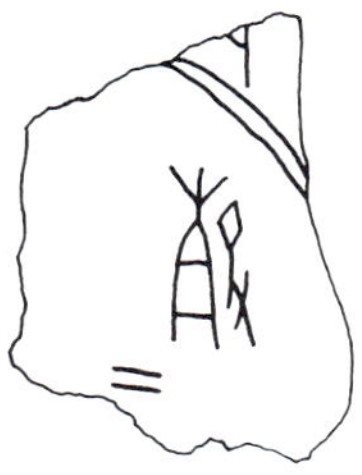

三七　某日卜㱿問某事

本甲正面存辭一條。反面無字。

（一）〼［卜］，㱿〼　二

【備注】

組類：賓組

材質：龜腹甲

尺寸：長三・一、寬二・二厘米

著録：《謝》三六七

來源：華東師大購入謝伯殳舊藏

館藏號：二一〇三－一五

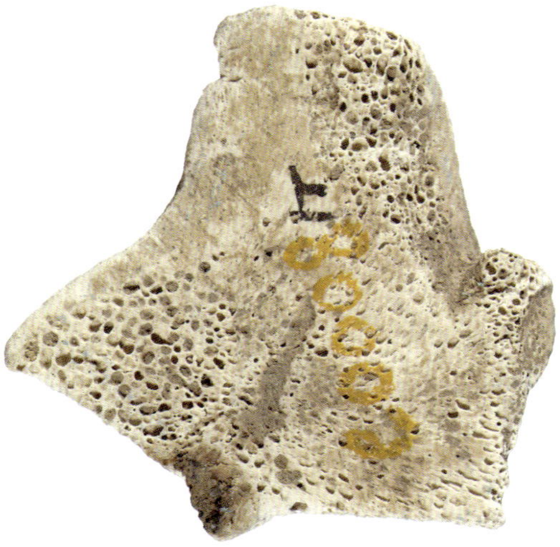

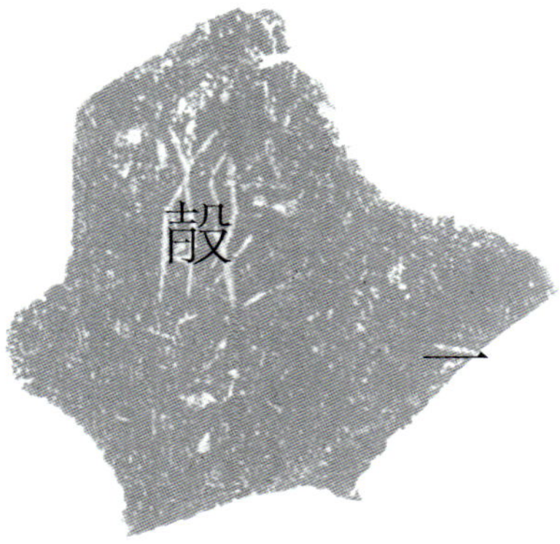

三八　某日㱿問某事

本甲正面存辭一條。反面無字。

（一）〼㱿〼　一

【備注】

組類：賓組

材質：龜腹甲

尺寸：長三・三、寬三・〇厘米

著録：《謝》三四九（全）

來源：華東師大購入謝伯殳舊藏

館藏號：二一〇二一－二六

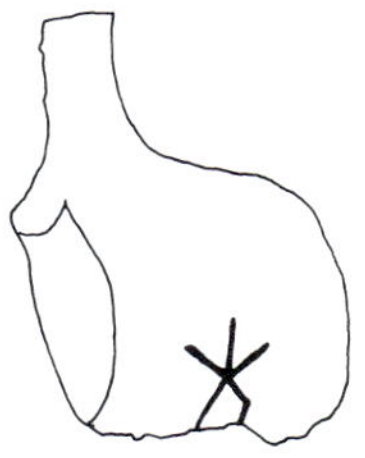

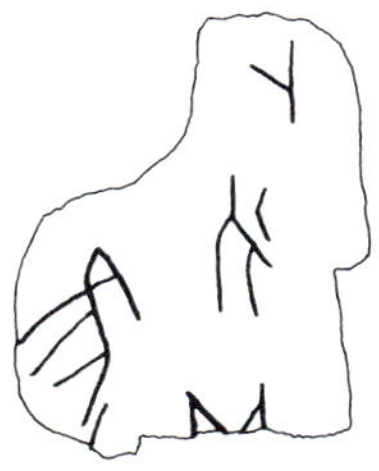

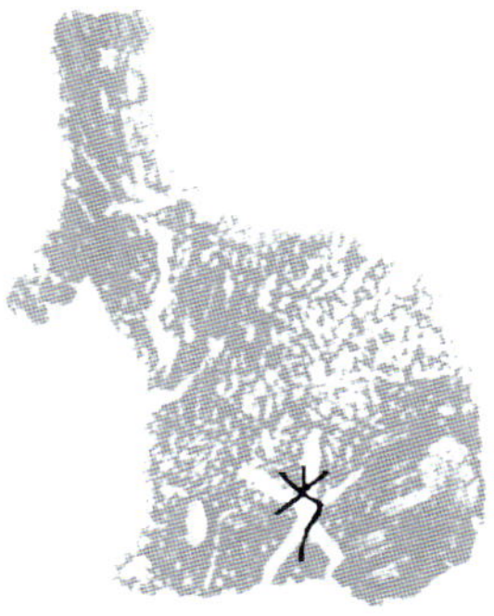

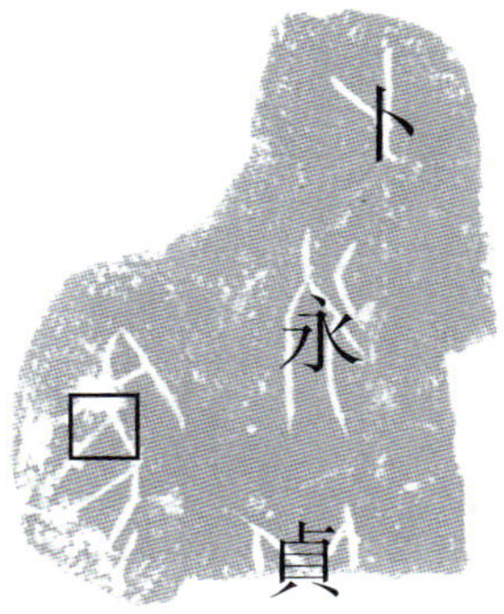

三九　某日卜永貞與問𠂉等事

本甲正反面各存辭一條。

〔正面〕

（一）☐卜，永［貞］☐☐〔一〕☐

〔反面〕

（一）☐［𠂉］〔二〕☐

【簡釋】

〔一〕殘字从「隹」。

〔二〕「𠂉」或比定作「失」或「弆」等字。

【備注】

組類：賓組

材質：龜腹甲

尺寸：長三・〇、寬二・四厘米

著録：〔正〕《京》一四三；〔反〕《京》一四四；〔正反〕《謝》一一三

來源：華東師大購入謝伯殳舊藏

館藏號：二一〇三一二四

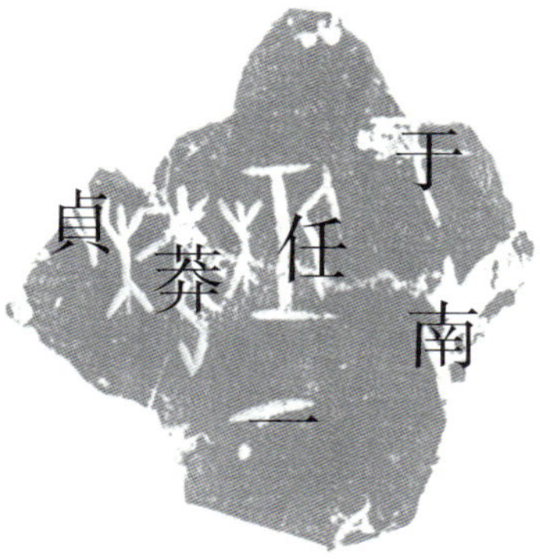

四〇　某日貞莽任于南事

本甲正面存辭一條。反面無字。

（一）☐［貞］：莽☐任☐于［南］。　一

【備注】

組類：賓組

材質：龜腹甲

尺寸：長三・二、寬二・九厘米

著録：《京》二五五二、《續存》下四九五、《謝》二〇一、《合》一八四〇九

來源：華東師大購入謝伯殳舊藏

館藏號：二一〇三-二七

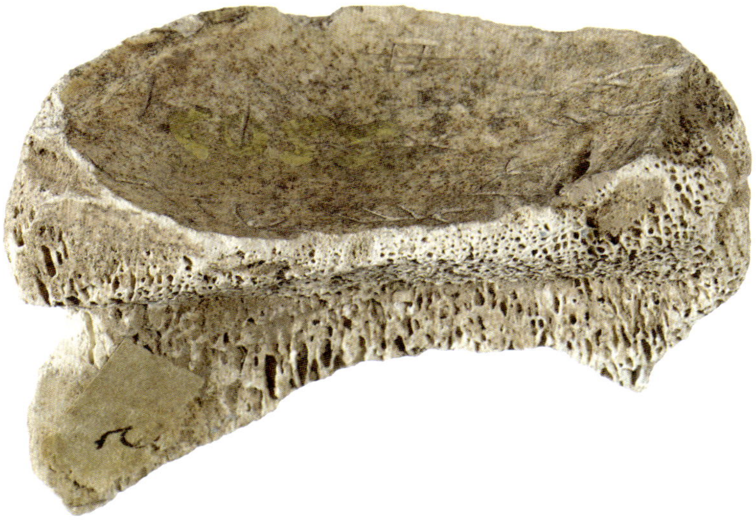

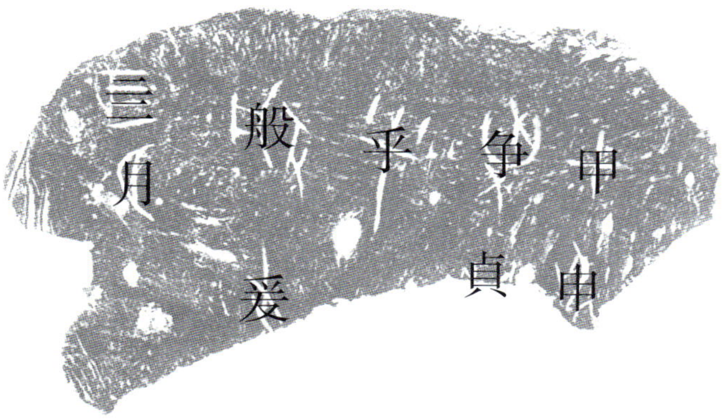

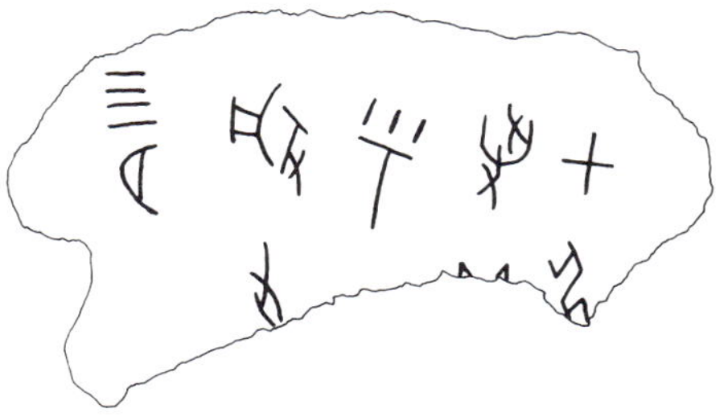

四一　四月甲申争貞呼般爰某事與乙丑婦笅示一屯骨臼刻辭

本骨正臼面各存辭一條。反面無字。

〔正面〕

（一）甲申☐争［貞］：乎（呼）☐般［爰］☐三（四）月。

〔臼面〕

（一）乙丑帚（婦）笅示一屯。小㱿〔一〕。中。〔二〕

【簡釋】

〔一〕「小㱿」爲合文。

〔二〕本骨可綴《合》八三〇九，綴合後正面釋文可補爲「甲申［卜］，争［貞］：乎（呼）自般爰我。四月。　二」。詳見李延彦綴，《拼續》第五八一則。

【備注】

組類：賓組

材質：牛肩胛骨

尺寸：長三・四、寬六・三厘米

著録：〔正〕《續存》上六四；〔臼〕《續存》上六五；〔正臼〕《合》一七五〇八

來源：捐贈

館藏號：無號帶字甲骨-五

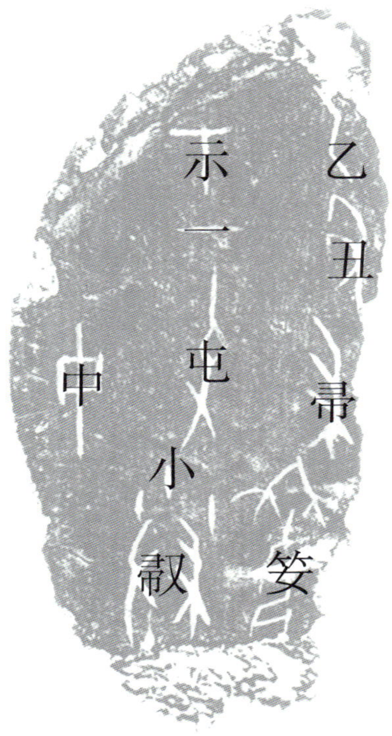
乙丑帚妥
示一屯小㲋
中

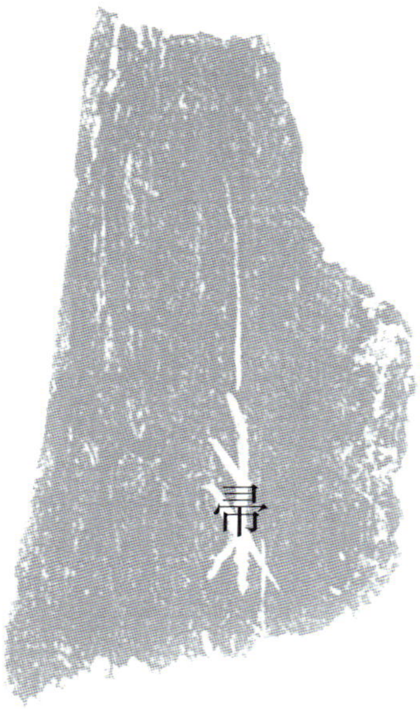

四二　某日問婦事

本骨正面存辭一條。反面無字。

（一）☐帚（婦）☐

【備注】

組類：賓組

材質：牛肩胛骨

尺寸：長五・二、寬二・九厘米

著録：未見

來源：一九五六至一九五八年購入

館藏號：C〇〇二二一七

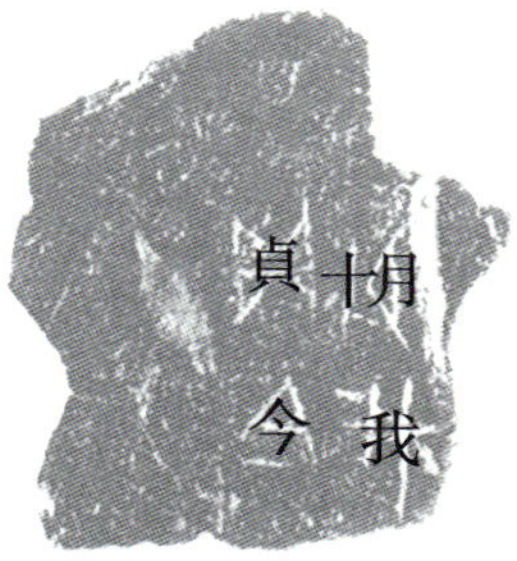

四三　某日貞今十月我事

本甲正面存辭一條。反面無字。

（一）貞：今十月〔一〕我☐

【簡釋】

〔一〕「十月」爲合文。

【備注】

組類：賓組

材質：龜腹甲

尺寸：長二・五、寬二・四厘米

著録：《京》二三八八、《謝》一〇五

來源：華東師大購入謝伯殳舊藏

館藏號：二一〇一－〇九

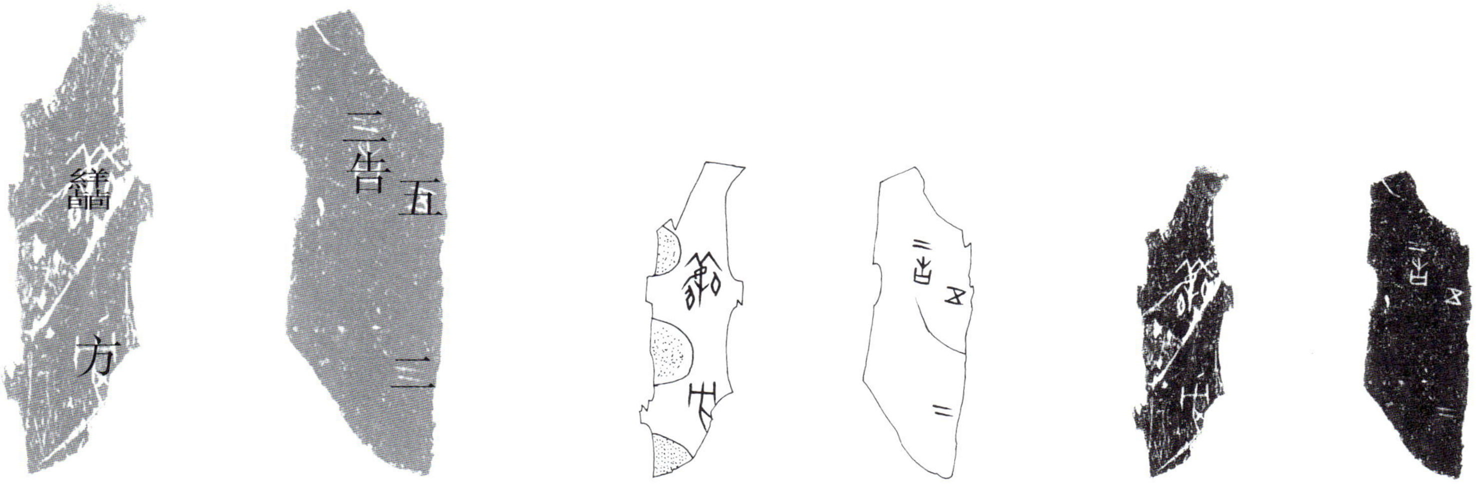

四四　某日問繕方等事

本骨正面存辭三條。反面存辭一條。

〔正面〕

（一）二

（二）五

（三）二告

〔反面〕

（一）☐繕〔一〕方☐

【簡釋】

〔一〕「[illegible]」爲新見字，或可比定作「繕」。

【備注】

組類：賓組

材質：牛肩胛骨

尺寸：長四・九、寬一・六厘米

著録：《謝》二

來源：華東師大購入謝伯殳舊藏

館藏號：二一〇三一〇六

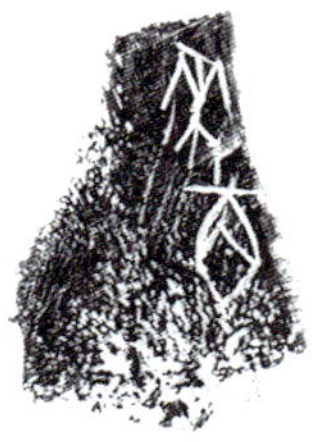

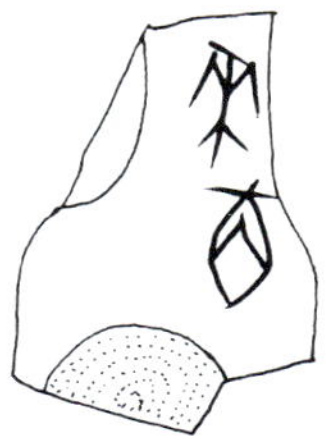
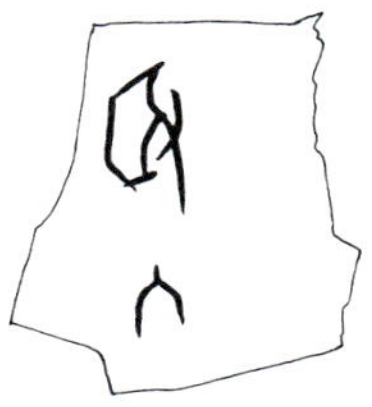

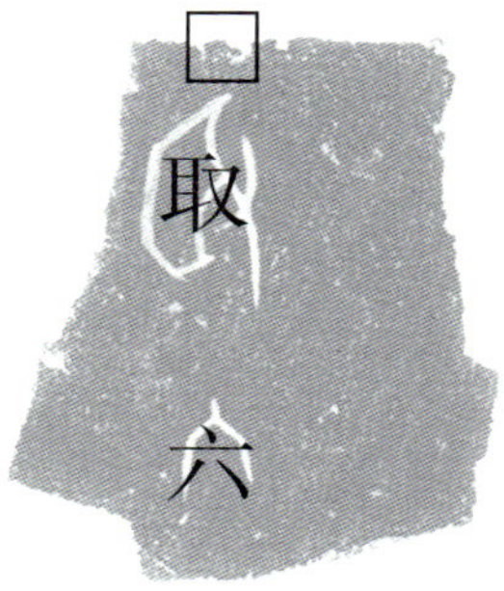

四五　某日問取事與來百甲橋刻辭

本甲正反面各存辭一條。

〔正面〕

（一）⧄□取⧄　六

〔反面〕

（一）⧄來百⧄

【備注】

組類：賓組

材質：龜腹甲

尺寸：長二・九、寬二・二厘米

著録：〔正〕《京》二〇、《續存》下七；〔反〕《京》二一、《續存》下八；〔正反〕《謝》四二二、《合》九二〇九

來源：華東師大購入謝伯殳舊藏

館藏號：二一〇二一-二三

四六　某日問我不其受年事

本甲正面存辭一條。反面無字。

（一）☐［我］不［其］受［年］。

【備注】

組類：賓組

材質：龜腹甲

尺寸：長三・二、寬一・九厘米

著録：《續存》下一六〇、《謝》三三八、《合》九七二六

來源：華東師大購入謝伯殳舊藏

館藏號：二一〇二一－二五

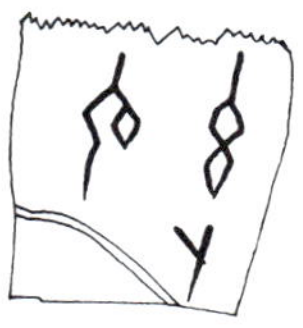

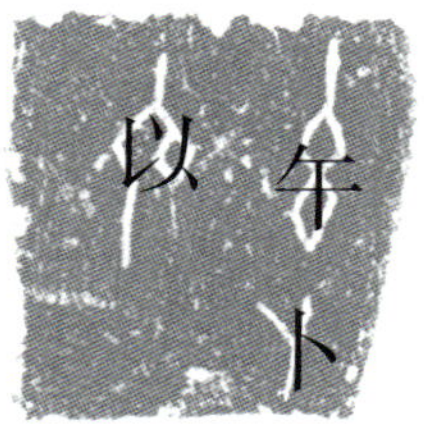

四七　午日卜以某事

本甲正面存辭一條。反面無字。

（一）☐午卜☐以☐

【備注】

組類：賓組

材質：龜腹甲

尺寸：長一・九、寬一・八厘米

著録：《謝》一〇〇

來源：華東師大購入謝伯殳舊藏

館藏號：二一〇一－二四

四八　癸丑卜某事

本甲正面存辭一條。反面無字。

（一）［癸］丑卜〔二〕☐　小告

【簡釋】

〔二〕「丑」右下與「卜」兩側有多个「雨」字刮削痕迹。

【備注】

組類：賓組

材質：龜背甲

尺寸：長二・九、寬二・七厘米

著録：《謝》二一一

來源：華東師大購入謝伯殳舊藏

館藏號：二一〇三－二〇

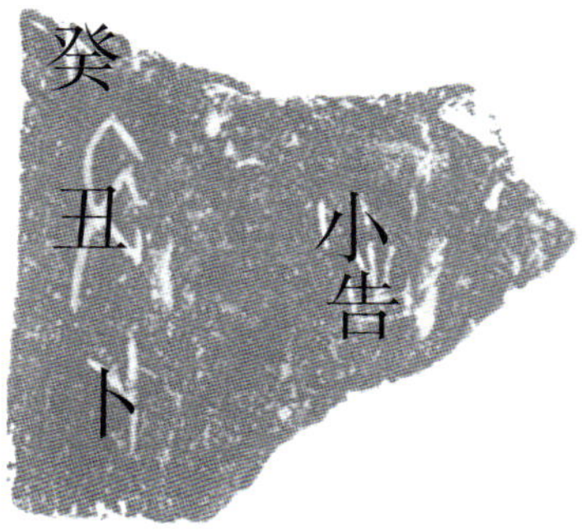

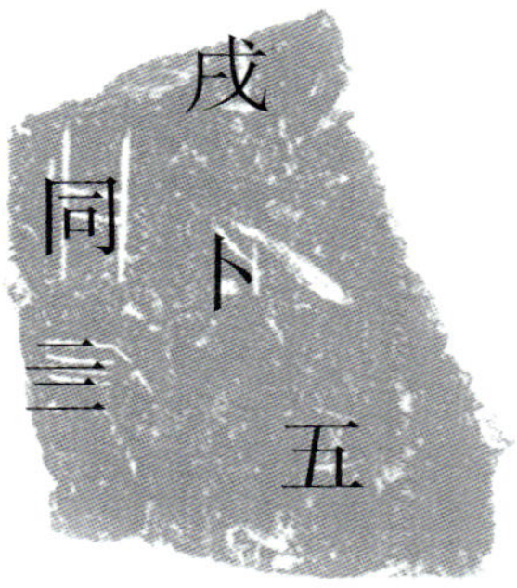

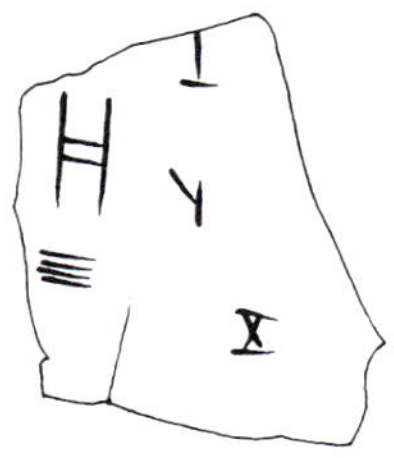

四九　戊日卜同某事

本甲正面存辭一條。反面無字。

（一）〼[戊]卜〼同〼　三(四)　五

【備注】

組類：賓組

材質：龜腹甲

尺寸：長二・九、寬二・二厘米

著録：《謝》九二

來源：華東師大購入謝伯殳舊藏

館藏號：二一〇二一一一九

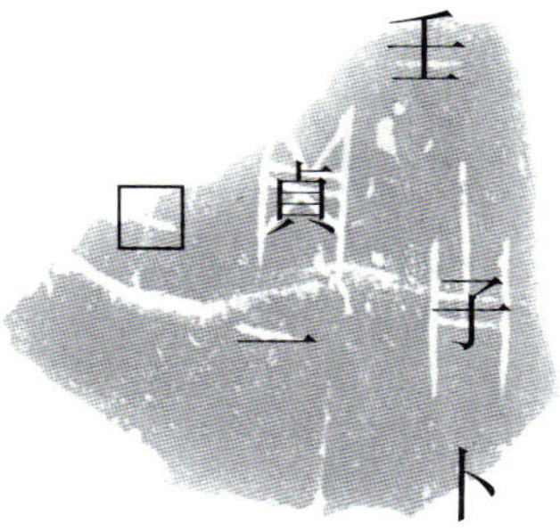

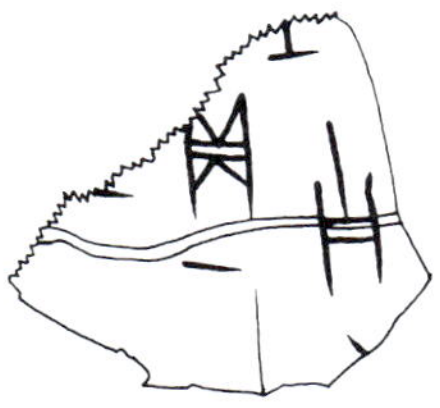

五〇　壬子卜貞某事

本甲正面存辭一條。反面無字。

（一）［壬］子［卜］〼貞〼□〼　一

【備注】

組類：賓組

材質：龜腹甲

尺寸：長二・六、寬二・五厘米

著録：《謝》五一

來源：華東師大購入謝伯殳舊藏

館藏號：二一〇二一一六

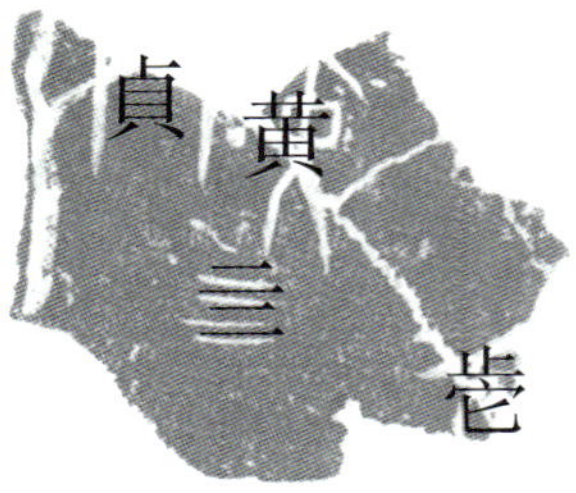

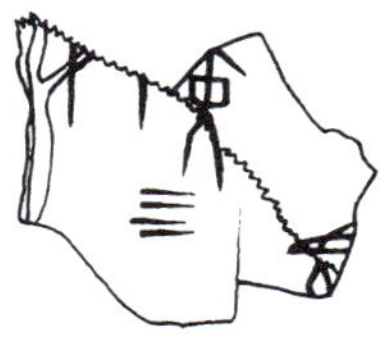

五一　某日貞黄壱事

本甲正面存辭一條。反面無字。

（一）☐［貞］☐［黄］☐壱〔一〕☐　三（四）

【簡釋】

〔一〕「壱」或比定作「蚩」，讀作「害」。

【備注】

組類：賓組

材質：龜腹甲

尺寸：長二・二、寬二・五厘米

著録：《京》六三五、《謝》二一三

來源：華東師大購入謝伯殳舊藏

館藏號：二一〇一一〇五

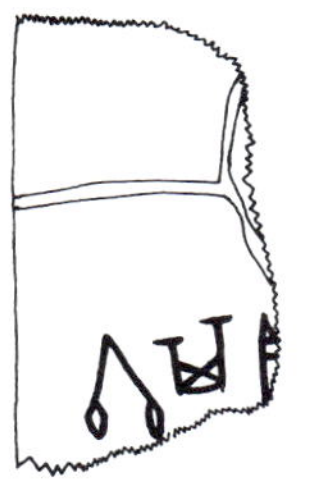

五二　某日貞其終事

本甲正面存辭一條。反面無字。

（一）［貞］☐其☐終☐

【備注】

組類：賓組

材質：龜腹甲

尺寸：長三·七、寬二·二厘米

著録：《謝》七九

來源：華東師大購入謝伯殳舊藏

館藏號：C〇〇〇六－一

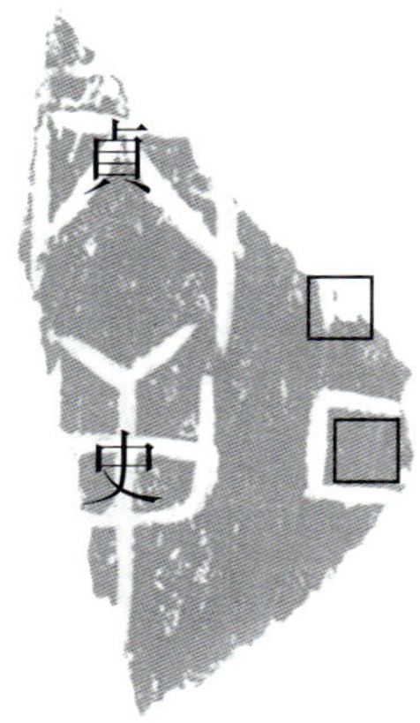

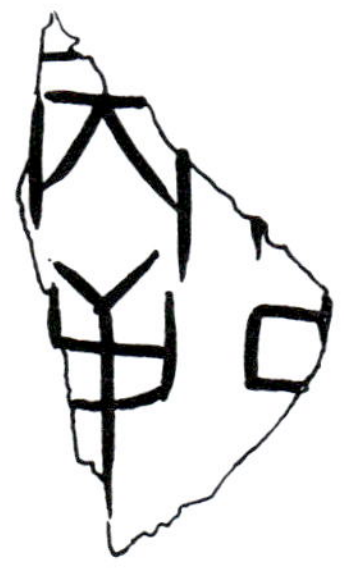

五三　某日貞史事

本骨正面存辭一條。反面無字。

（一）〼［貞：史］〼□□〼

【備注】

組類：賓組

材質：牛肩胛骨

尺寸：長三・七、寬二・二厘米

著録：未見

來源：捐贈

館藏號：無號帶字甲骨－一八

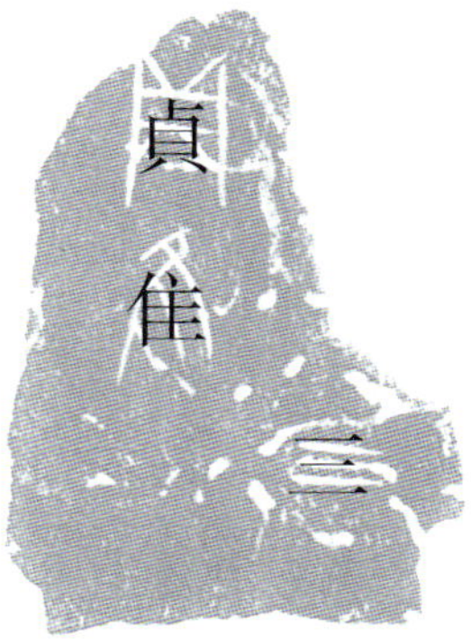

五四　某日貞唯多某等事

本甲正反面各存辭一條。

〔正面〕

（一）貞：隹〼　三

〔反面〕

（一）〼□隹（唯）多〼

【備注】

組類：賓組

材質：龜腹甲

尺寸：長三・二、寬二・二厘米

著録：〔正〕《謝》四〇七

來源：華東師大購入謝伯殳舊藏

館藏號：二一〇三－一三

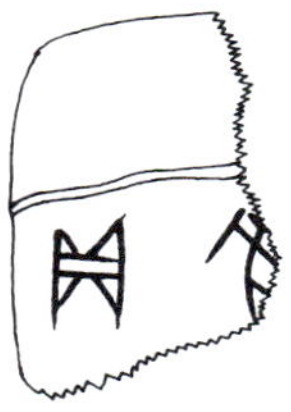

五五　某日貞某事

本甲正面存辭一條。反面無字。

（一）　貞☐［隹］☐

【備注】

組類：賓組

材質：龜腹甲

尺寸：長二・五、寬一・七厘米

著録：《謝》一〇二

來源：華東師大購入謝伯殳舊藏

館藏號：二一〇一一一二

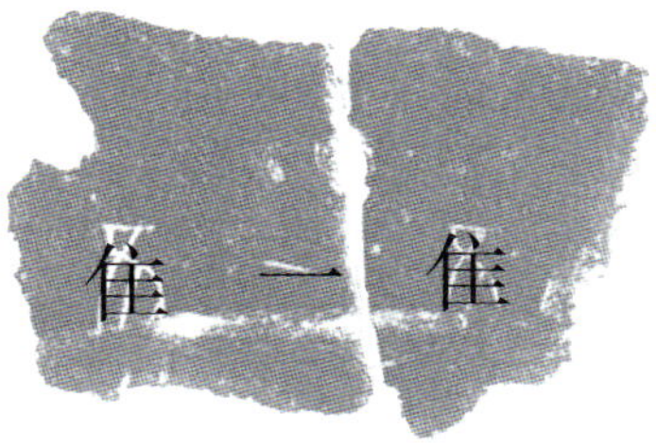

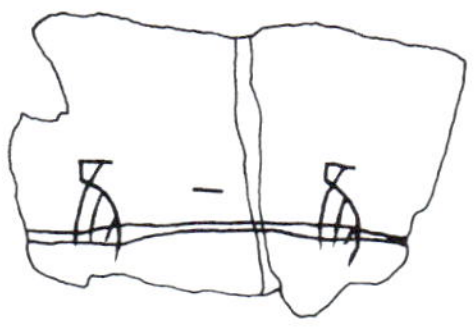

五六　隹等字殘辭

本甲正面存辭二條。反面無字。

（一）隹☐

（二）隹☐　一

【備注】

組類：賓組

材質：龜腹甲

尺寸：長二・一、寬三・一厘米

著録：《謝》七六

來源：華東師大購入謝伯殳舊藏

館藏號：二一〇三－一九

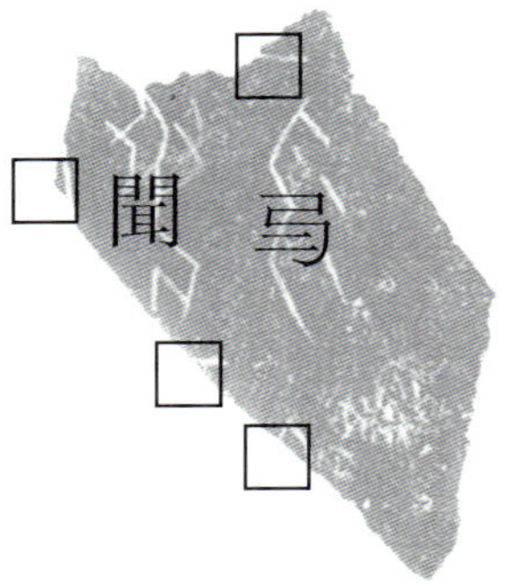

五七　勿聞等字殘辭

本甲正面存辭一條。反面無字。

（一）〼□弓(勿)□〼聞□〼□〼

【備注】

組類：賓組

材質：龜腹甲

尺寸：長三・〇、寬二・一厘米

著録：《謝》八〇

來源：華東師大購入謝伯殳舊藏

館藏號：二一〇一一〇一

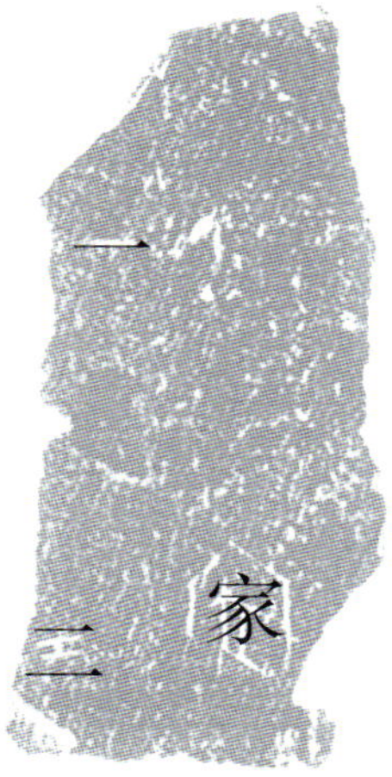

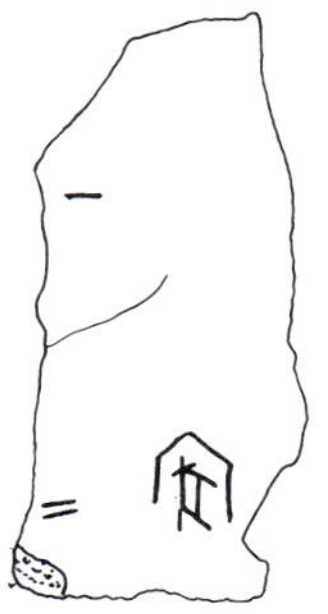

五八　家等字殘辭

本骨正面存辭一條。反面無字。

（一）☐家☐　一　二

【備注】

組類：賓組

材質：牛肩胛骨

尺寸：長四・一、寬二・一厘米

著録：《京》二八一〇、《謝》三二

來源：華東師大購入謝伯殳舊藏

館藏號：二一〇三一〇七

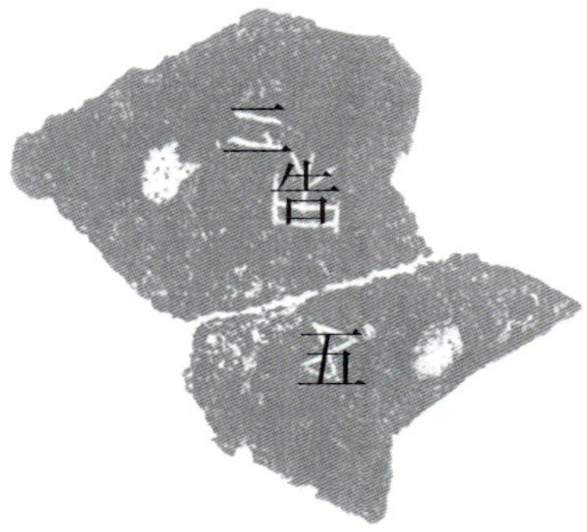

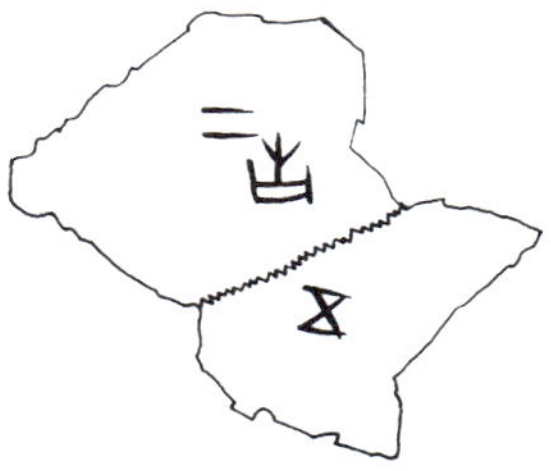

五九　五二告殘辭

本甲正面存辭二條。反面無字。

（一）五

（二）二告

【備注】

組類：賓組

材質：龜腹甲

尺寸：長三·一、寬三·四厘米

著録：《謝》九四

來源：華東師大購入謝伯殳舊藏

館藏號：二一〇一－一三

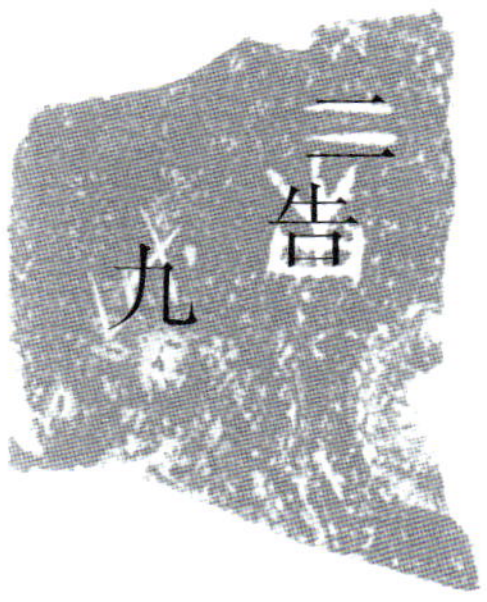

六〇　九二告殘辭

本骨正面存辭二條。反面無字。

（一）九

（二）二告

【備注】

組類：賓組

材質：牛肩胛骨

尺寸：長二・七、寬二・二厘米

著録：《謝》一〇三

來源：華東師大購入謝伯殳舊藏

館藏號：二一〇三－一一

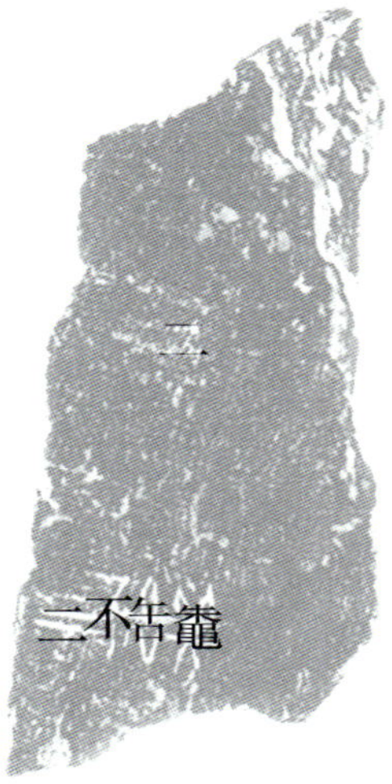

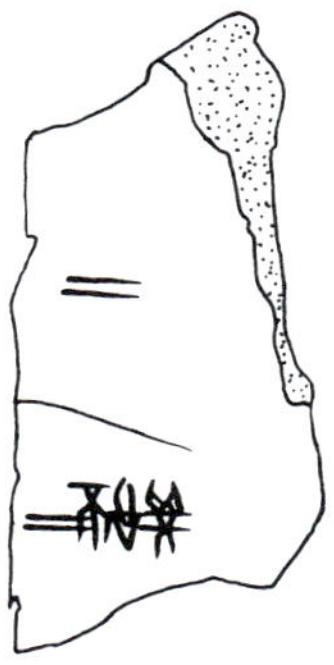

六一　二不舌黿等字殘辭

本甲正面存辭二條。反面無字。

（一）二

（二）二　不舌黿[一]

【簡釋】

[一] 兆序「二」部分筆劃疊刻于「不」字上。

【備注】

組類：賓組

材質：龜腹甲

尺寸：長四・四、寬二・一厘米

著録：《謝》五四

來源：華東師大購入謝伯殳舊藏

館藏號：二一〇三－〇一

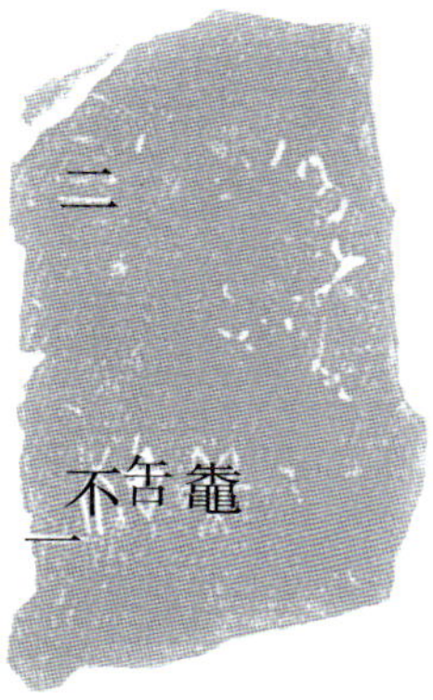

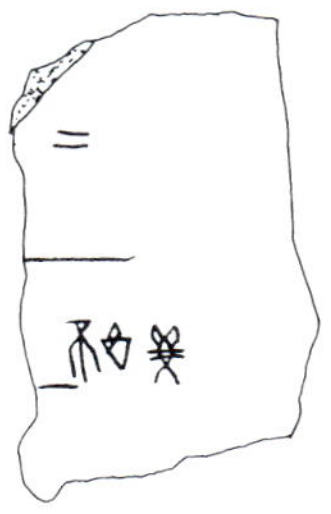

六二　二不吿黽殘辭

本骨正面存辭二條。反面無字。

（一）　一

（二）　二　不吿黽〔一〕

【簡釋】

〔一〕本骨字口填墨。

【備注】

組類：賓組

材質：牛肩胛骨

尺寸：長三・四、寬二・一厘米

著録：《謝》二五三

來源：華東師大購入謝伯殳舊藏

館藏號：二一〇三－〇八

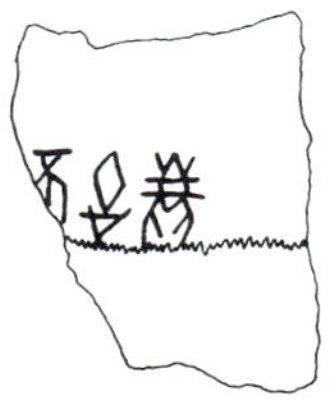

六三　不告黿殘辭

本甲正面存辭一條。反面無字。

（一）　［不］告黿

【備注】

組類：賓組

材質：龜腹甲

尺寸：長二·六、寬二·〇厘米

著録：《謝》二一二

來源：華東師大購入謝伯殳舊藏

館藏號：二一〇三－一二

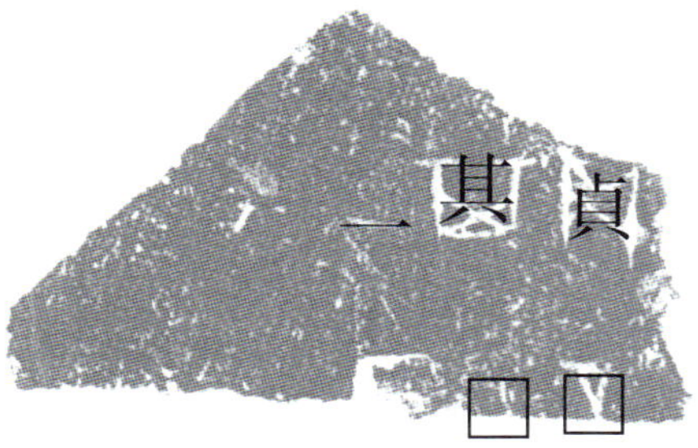

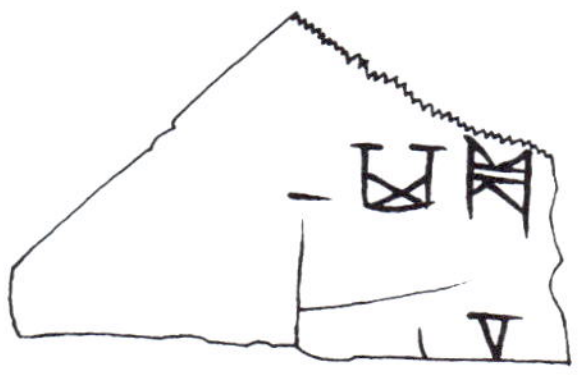

六四　某日貞某事

本甲正面存辭一條。反面無字。

（一）貞：□☒其□☒　一

【備注】

組類：賓組

材質：龜腹甲

尺寸：長三・五、寬二・二厘米

著録：《謝》九〇

來源：華東師大購入謝伯殳舊藏

館藏號：二一〇一－一六

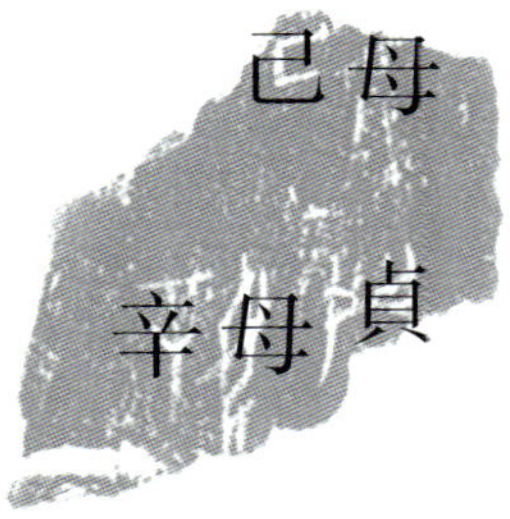

六五　某日貞母辛與母己等事

本骨正面存辭二條。反面無字。

（一）貞☐母辛〔一〕☐

（二）☐［母己］〔二〕☐

【簡釋】

〔一〕「母辛」爲合文。

〔二〕「母己」爲合文。

【備注】

組類：出組

材質：牛肩胛骨

尺寸：長二・三、寬二・○厘米

著録：未見

來源：捐贈

館藏號：無號帶字甲骨－一五

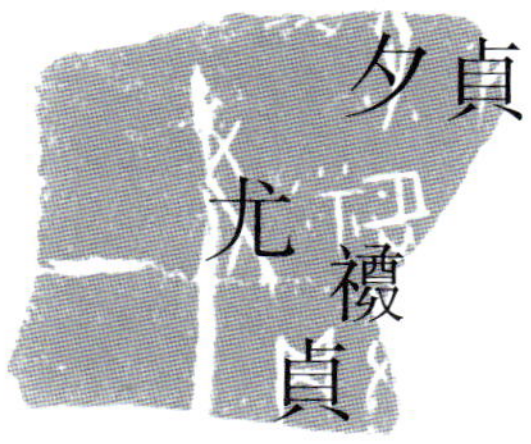

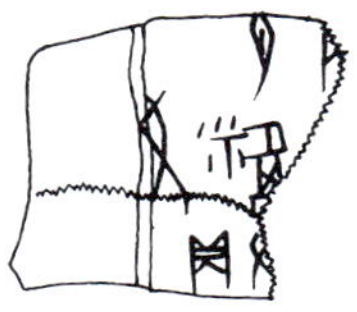

六六　某日貞夕祼等事

本甲正面存辭二條。反面無字。

（一）貞☐

（二）☐［貞］☐［夕禮（祼）］☐尤。

【備注】

組類：出組

材質：龜背甲

尺寸：長二·〇、寬二·二厘米

著録：《謝》三五四

來源：華東師大購入謝伯殳舊藏

館藏號：二一〇二一一三

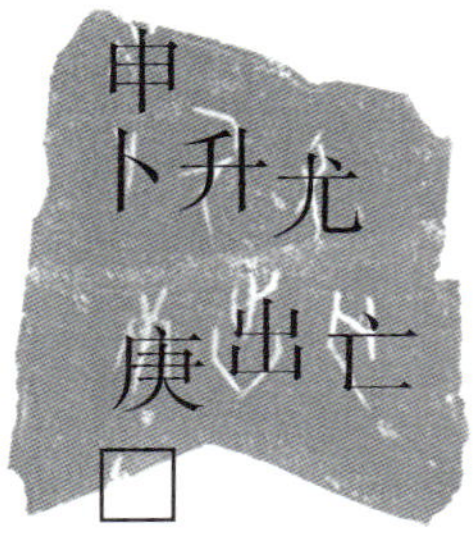

六七　庚日出問與申日卜升等事

本甲正面辭二條。反面無字。

（一）庚□☐出☐亡☐

（二）☐[申]卜☐升☐尤。

【備注】

組類：出組

材質：龜腹甲

尺寸：長二·四、寬二·一厘米

著録：《續存》下七二九、《謝》一〇一、《合》二三七七九、《合》四一〇一四

來源：華東師大購入謝伯殳舊藏

館藏號：二一〇三一-二三

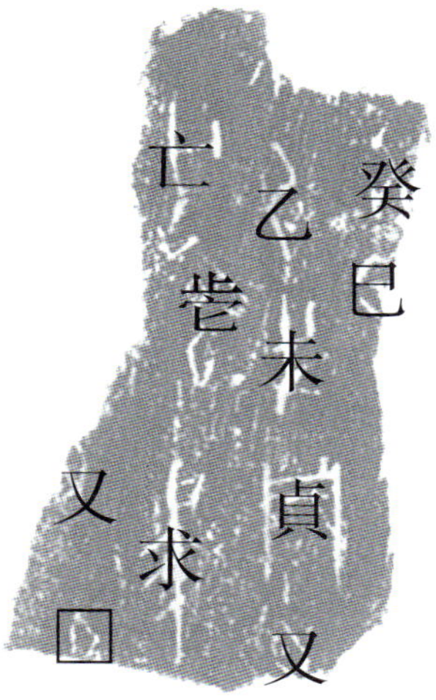

六八　癸巳問乙未亡壱與某日貞求等事

本骨正面存辭二條。反面無字。

（一）癸［巳］☐乙未亡壱［一］。

（二）☐貞：［又］☐求☐又□☐

【簡釋】

［一］「壱」或比定作「蚩」字，讀爲「害」。

【備注】

組類：歷組

材質：牛肩胛骨

尺寸：長四・三、寬一・五厘米

著録：《謝》四八

來源：捐贈

館藏號：無號帶字甲骨－八

六九　申日卜又事

本骨正面存辭一條。反面無字。

（一）〼申卜：又〼〔一〕

【簡釋】

〔一〕本骨字口填墨。

【備注】

組類：歷組

材質：牛肩胛骨

尺寸：長三・七、寬二・二厘米

著録：《謝》四〇三

來源：華東師大購入謝伯殳舊藏

館藏號：二一〇二一〇七

七〇　甲申貞有囙等事

本甲正面存辭二條。反面無字。

（一）☐辛☐

（二）甲申貞：又(有)囙〔一〕。

【簡釋】

〔一〕「囙」或比定作「禍」「咎」「憂」等字。

【備注】

組類：歷組

材質：牛肩胛骨

尺寸：長三・六、寬二・三厘米

著録：《續存》下四三九、《謝》三五三、《合》四一六七九

來源：華東師大購入謝伯殳舊藏

館藏號：二一〇三一二一

七一　己亥問庚雨事

本骨正面存辭一條。反面無字。

（一）　己亥☐庚［雨］。［一］

【簡釋】

［一］本骨可綴《合》三四六八八，詳見周忠兵綴，《歷組卜辭新綴三十例》第八組。

【備注】

組類：歷組

材質：牛肩胛骨

尺寸：長三·二、寬一·八厘米

著録：《京》三八四三、《續存》下九七、《謝》一〇七、《合補》一〇六〇六

來源：華東師大購入謝伯殳舊藏

館藏號：二一〇三一〇九

七二　某日貞王步與今夕㠯亡㞕等事

本骨正面存辭一條。反面存辭二條。

〔正面〕

（一）☐〔貞〕：王步☐〔一〕

〔反面〕

（一）己☐☐☐☐

（二）☐〔今夕㠯亡㞕（振）〕☐

【簡釋】

〔一〕本骨正面左下「酉卜貞」係僞刻，不録。

【備注】

組類：歷組

材質：牛肩胛骨

尺寸：長六・〇、寬四・一厘米

著録：〔正〕《京》四四〇四（不全）、《合補》一〇四九五（不全）；〔反〕《京》四四〇五（不全）、《合補》一〇五二八（不全）；〔正反〕《謝》四五＋《謝》八五

來源：華東師大購入謝伯殳舊藏

館藏號：二一〇三－一四－一＋二一〇三－一四－二

貞
王
步

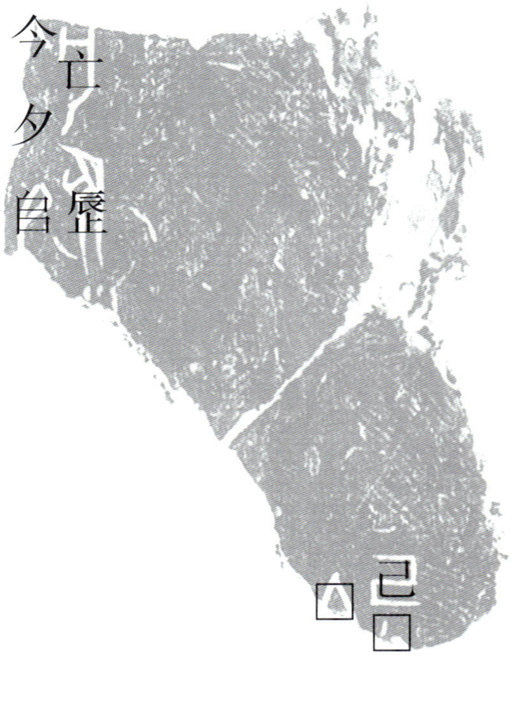
亡
憂
今
夕
𠂤
己□
□

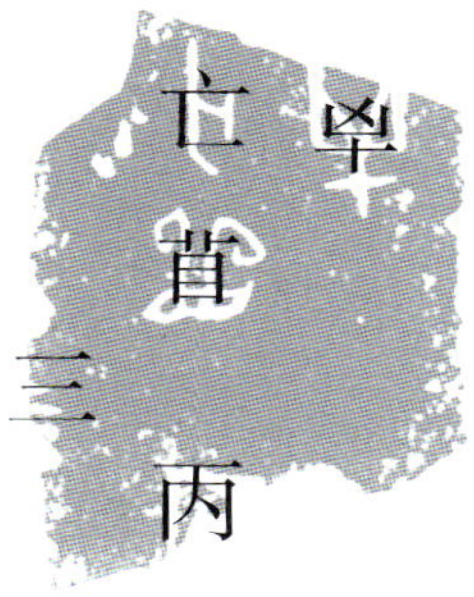

七三　某日問亡首擒等事

本骨正面存辭二條。反面無字。

（一）［丙］☐　三

（二）☐亡首［一］☐卒（擒）。

【簡釋】

［一］「首」或比定作「緩」字。

【備注】

組類：歷組

材質：牛肩胛骨

尺寸：長二・七、寬一・七厘米

著録：《京》四五四八、《續存》下三五五、《謝》四一二、《合》三一九二八、《合》四〇七八六

來源：華東師大購入謝伯殳舊藏

館藏號：二一〇三－一〇

七四　某日問禱于父某事

本骨正面存辭一條。反面無字。

（一）　[桒（禱）]于[父]☐

【備注】

組類：歴組

材質：牛肩胛骨

尺寸：長三・二、寬二・三厘米

著録：《謝》二五七

來源：捐贈

館藏號：無號帶字甲骨－一二

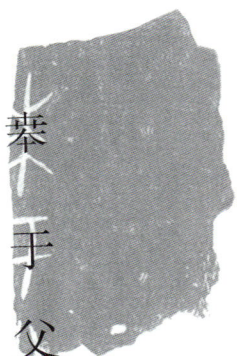

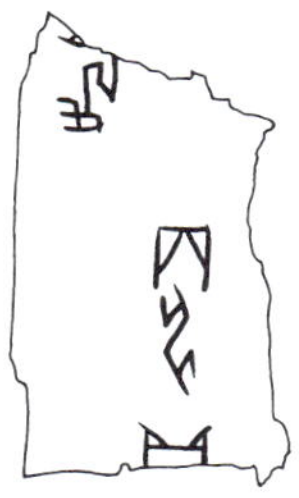

七五　丙申貞與某日問嬰等事

本骨正面存辭二條。反面無字。

（一）丙申［貞］☐

（二）☐［嬰］☐（二）

【簡釋】

（一）本骨可綴《合》三二〇七〇，綴合後釋文可補爲「丙申貞：丁酉，王☐父丁十羌，卯二☐」。詳見展翔綴，《殷契綴合第五〇、五一則》第五〇則。

【備注】

組類：歷組

材質：牛肩胛骨

尺寸：長三・二、寬一・六厘米

著録：《京》三九二八、《謝》四七

來源：華東師大購入謝伯殳舊藏

館藏號：二一〇二一-〇一

七六　亥日貞旬亡囚等事

本骨正面存辭二條。反面無字。

（一）☐［貞］☐亡☐

（二）☐亥☐旬☐囚[一]。

【簡釋】

［一］「囚」或比定作「禍」「咎」「憂」等字。

【備注】

組類：歷組

材質：牛肩胛骨

尺寸：長三・四、寬一・六厘米

著録：《謝》四一一

來源：華東師大購入謝伯殳舊藏

館藏號：二一〇二一一

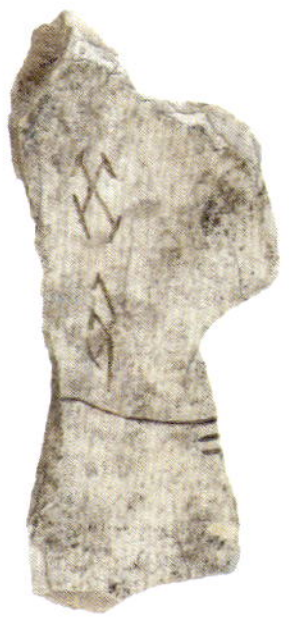

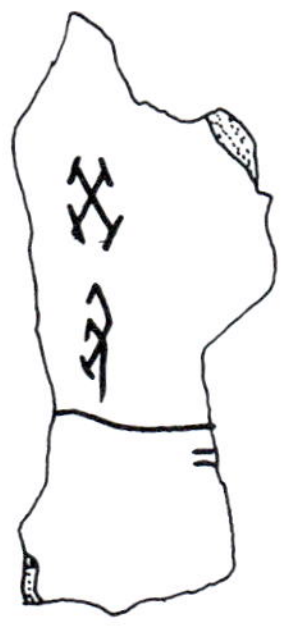
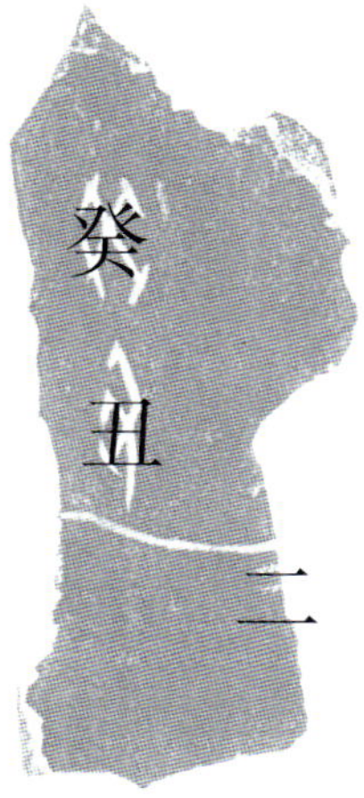

七七　癸丑問某事

本骨正面存辭二條，有界劃綫。反面無字。

（一）二

（二）癸丑☐

【備注】

組類：歷組

材質：牛肩胛骨

尺寸：長四・一、寬一・八厘米

著録：《謝》三二

來源：華東師大購入謝伯殳舊藏

館藏號：二一〇二一一〇

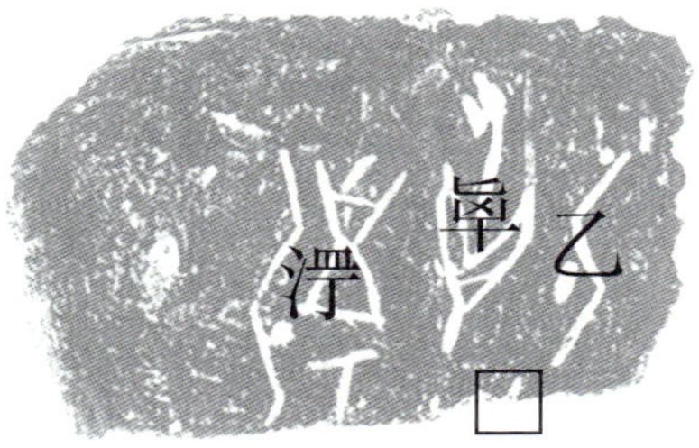

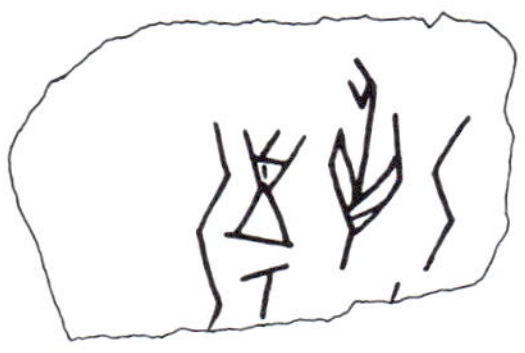

七八　乙日問皁于濘事

本骨正面存辭一條。反面無字。

（一）乙□〼皁〼浮（濘）〼

【備注】

組類：歷組

材質：牛肩胛骨

尺寸：長二·二、寬三·六厘米

著録：《京》四三六九、《續存》下七七六、《合》三四〇四二

來源：華東師大購入謝伯殳舊藏

館藏號：C〇〇〇四-二

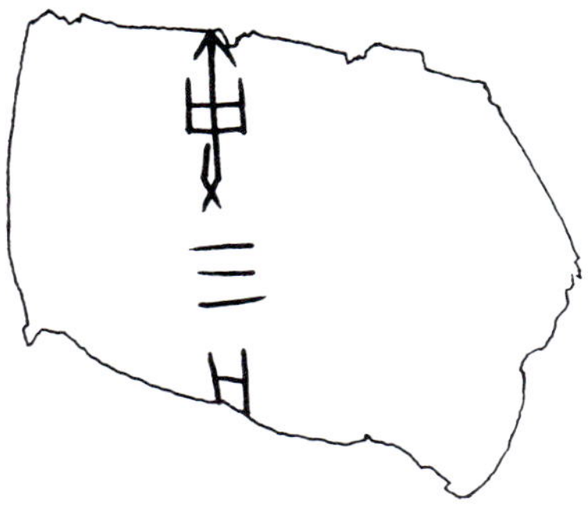

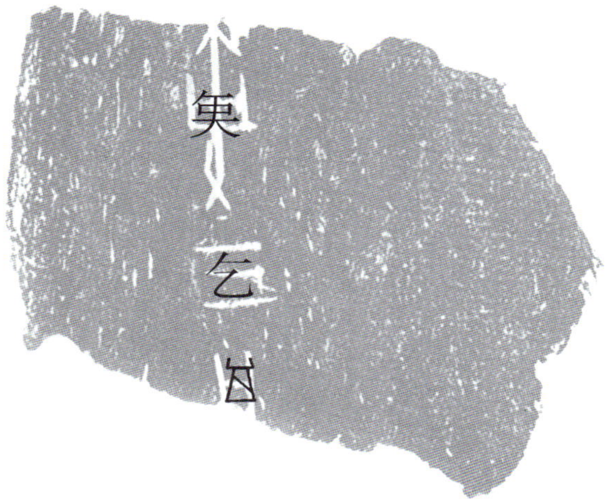

七九　矣乞凶骨面刻辭

本骨正面存辭一條。反面無字。

（一）⍁矣乞［凶］〔一〕⍁〔二〕

【簡釋】

〔一〕「凶」或比定作「冎」「肩」等字。

〔二〕本骨可綴《宮藏謝》三九〇，綴合後釋文可補爲「⍁矣乞凶三」。詳見蔡哲茂綴，《綴續》第四二〇組。

【備注】

組類：歷組

材質：牛肩胛骨

尺寸：長三・九、寬四・四厘米

著録：《京》四七九四、《謝》二五九、《合》三五二〇七

來源：捐贈

館藏號：無號帶字甲骨－一

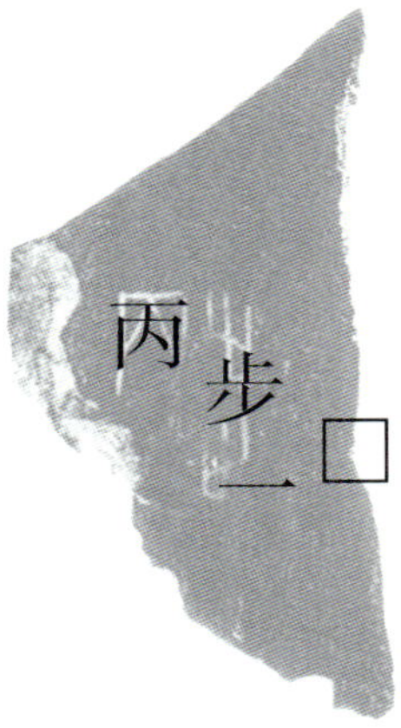

八〇　丙日問步事

本骨正面存辭一條。反面無字。

（一）丙☐步☐☐☐　一

【備注】

組類：歷組

材質：牛肩胛骨

尺寸：長三・八、寬一・八厘米

著録：《京》一五二一、《謝》五六、《合補》一〇四九六

來源：華東師大購入謝伯殳舊藏

館藏號：二一〇二一〇九

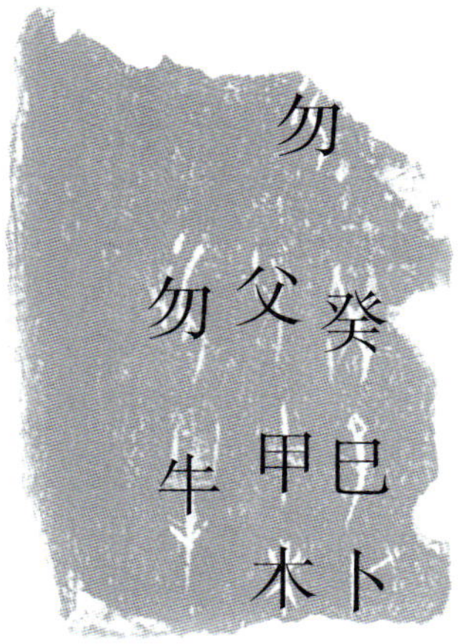

八一　癸巳卜禱父甲勿牛等事

本骨正面存辭二條。反面無字。

（一）　癸巳卜☐父甲木（禱）〔一〕☐勿牛。

（二）　☐勿☐

【簡釋】

〔一〕「木」字用爲「禱」之例，可參《合》三二九三八、《合》三二八八五等。

【備注】

組類：歷無

材質：牛肩胛骨

尺寸：長四・〇、寬一・九厘米

著録：《京》四〇五一、《續存》下七六二、《謝》四〇九、《合》二七四六七

來源：華東師大購入謝伯殳舊藏

館藏號：二一〇二一-〇四

八二　某日問禱生汎于某事

本骨正面存辭一條。反面無字。

（一）☐奉（禱）生汎〔一〕于☐

【簡釋】

〔一〕「汎」或比定作「歺」字。

【備注】

組類：歷無

材質：牛肩胛骨

尺寸：長三・五、寬二・〇厘米

著録：《續存》下七七三、《謝》一二五、《合》三四〇七七

來源：華東師大購入謝伯殳舊藏

館藏號：二一〇二一〇六

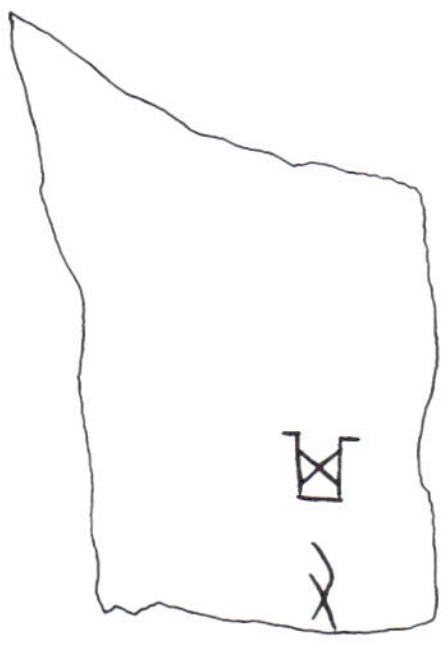

八三　其又殘辭

本骨正面存辭一條。反面無字。

（一）其又☐〔一〕

【簡釋】

〔一〕本骨左上「貞」字係僞刻，不録。又，反面右側邊緣有五道契痕。

【備注】

組類：歷無
材質：牛肩胛骨
尺寸：長四・三、寬二・四厘米
著録：《謝》四四三
來源：華東師大購入謝伯殳舊藏
館藏號：二一〇三－一六

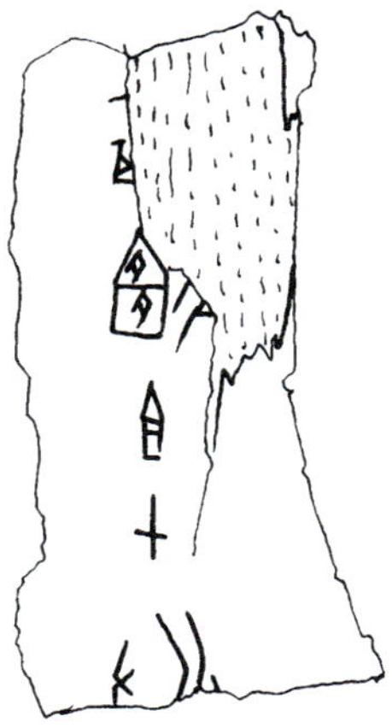

八四　某日問𡨦祖甲𣪊事

本骨正面存辭一條。反面無字。

（一）　☐□［其］𡨦且（祖）甲，［𣪊］☐

【備注】

組類：無名

材質：牛肩胛骨

尺寸：長五・七、寬三・〇厘米

著録：《京》四〇四七、《謝》五二五、《合》二七二一四

來源：捐贈

館藏號：無號帶字甲骨－一

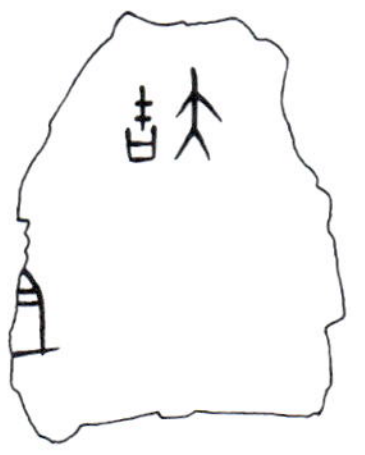

八五　某日問祖事

本骨正面存辭一條。反面無字。

（一）　☒［且（祖）］☒　大吉〔一〕

【簡釋】

〔一〕「吉」字有改刻痕迹。

【備注】

組類：無名

材質：牛肩胛骨

尺寸：長三・〇、寬二・一厘米

著録：《謝》一一四

來源：華東師大購入謝伯殳舊藏

館藏號：二一〇三一〇四

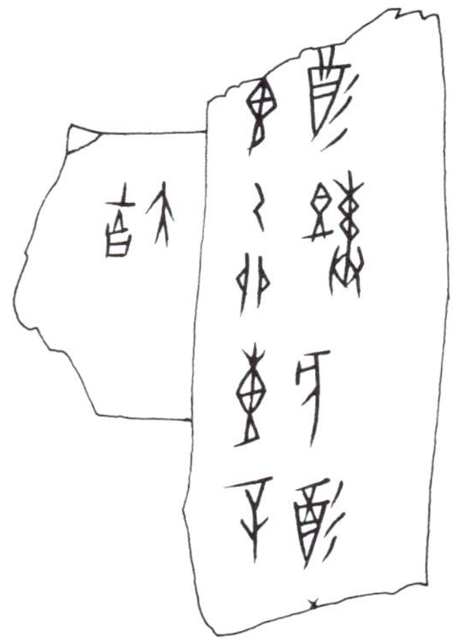

八六　某日問叀辛亥乙卯等日耏餗事

本骨正面存辭二條。反面無字。

（一）叀辛亥耏［虩（餗）］。

（二）叀乙卯耏虩（餗）。　大吉〔一〕

【簡釋】

〔一〕本骨可綴《合》三〇八〇七與《合》三〇九五一，綴合後釋文可補爲「叀辛亥耏虩（餗）」。詳見蔡哲茂《綴續》第四三九組，及莫伯峰綴《拼集》第二三一則。

【備注】

組類：無名

材質：牛肩胛骨

尺寸：長六・五、寬四・三厘米

著録：《存補》六・四三三・一、《合》三〇八〇六（全）、《掇三》一二六（全）

來源：一九五六至一九五八年購入

館藏號：C〇〇二二一-六

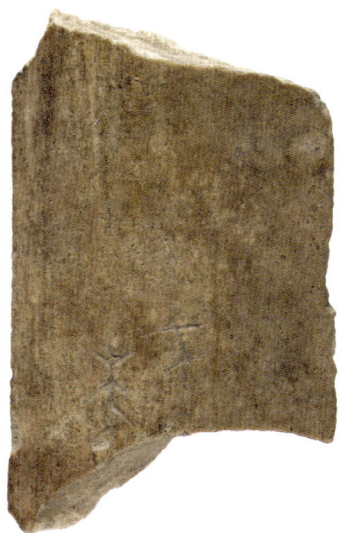

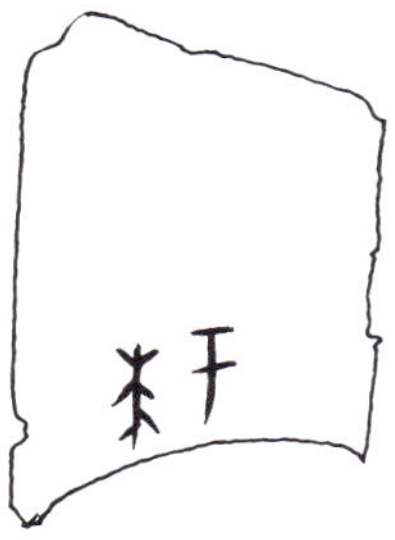

八七　某日問禱于某事

本骨正面存辭一條。反面無字。

（一）　桒（禱）☐于☐

【備注】

組類：無名

材質：牛肩胛骨

尺寸：長三・六、寬二・二厘米

著録：《謝》二五八

來源：捐贈

館藏號：無號帶字甲骨－七

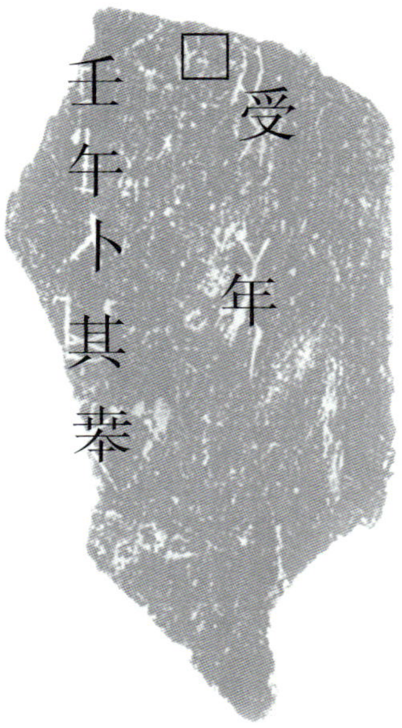

八八　壬午卜其禱與某日問受年等事

本骨正面存辭二條。反面無字。

（一）壬午卜：其[桒（禱）]☐

（二）☐☐[受]年。

【備注】

組類：無名

材質：牛肩胛骨

尺寸：長五・三、寬二・五厘米

著録：《謝》八一

來源：捐贈

館藏號：無號帶字甲骨－六

八九　卯日問受年等事

本骨正面存辭二條。反面無字。

（一）弜（勿）□〼

（二）〼［卯］：王〼［受］年。

【備注】

組類：無名

材質：牛肩胛骨

尺寸：長三・六、寬一・五厘米

著録：《續存》下七四六、《謝》四七六、《合》二八二一二

來源：華東師大購入謝伯殳舊藏

館藏號：二一〇三－〇二

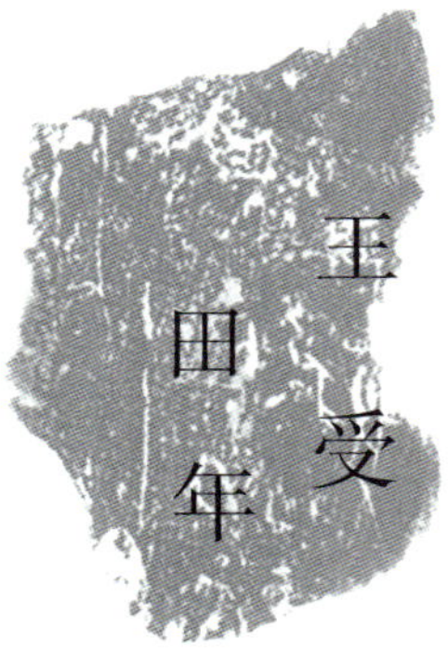

九〇　某日問王受事

本骨正面存辭一條。反面無字。

（一）　囗王受囗〔一〕

【簡釋】

〔一〕本骨正面左側有「田年」兩字刮削痕迹。

【備注】

組類：無名

材質：牛肩胛骨

尺寸：長三・二、寬二・〇厘米

著録：《謝》一一八

來源：華東師大購入謝伯殳舊藏

館藏號：二一〇三－〇三

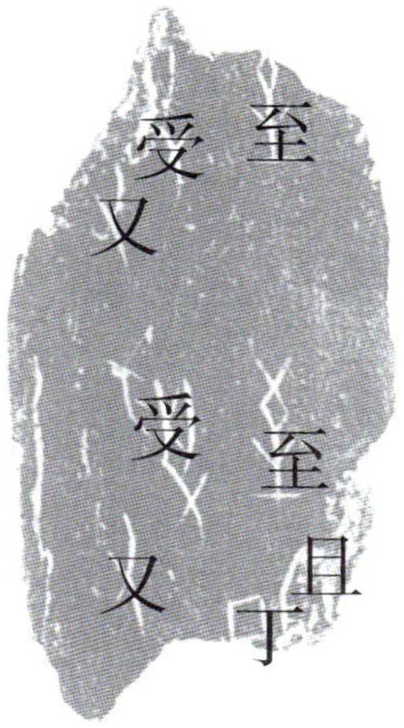

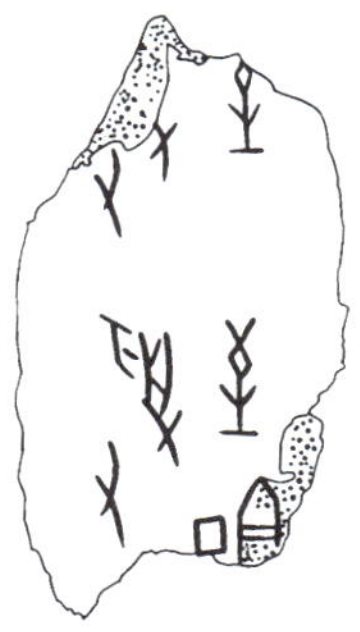

九一　某日問至祖丁受祐等事

本骨正面存辭二條。反面無字。

（一）至［且（祖）丁］［二］☐受又（祐）。

（二）☐［至］☐［受］又（祐）。

【簡釋】

（一）「且丁」爲合文。

【備注】

組類：無名

材質：牛肩胛骨

尺寸：長四・二、寬一・八厘米

著録：《京》四〇一七、《謝》四四四、《合》二七二八四

來源：捐贈

館藏號：無號帶字甲骨－一一

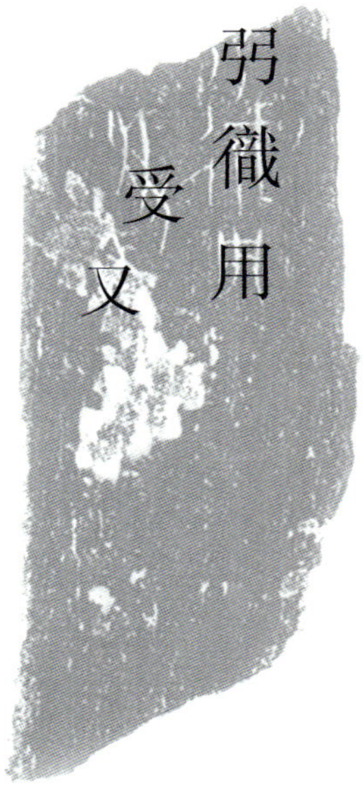

九二　某日問勿待受祐事

本骨正面存辭一條。反面無字。

（一）〼[弜(勿)]戠(待)，用〼受[又(祐)]。

【備注】

組類：無名

材質：牛肩胛骨

尺寸：長五・二、寬二・〇厘米

著録：《京》四三一九、《續存》下七七四、《謝》四七五、《合》三〇七二一

來源：華東師大購入謝伯殳舊藏

館藏號：二一〇二一〇五

九三　某日問叀于某王受有祐等事

本骨正面存辭二條。反面無字。

（一）叀［于］〼王受又＝（有祐）。

（二）〼□□用。

【備注】

組類：無名

材質：牛肩胛骨

尺寸：長四・五、寬一・八厘米

著録：未見

來源：捐贈

館藏號：無號帶字甲骨－一四

九四　某日問叀勿牛事

本骨正面存辭一條。反面無字。

（一）叀勿牛。

【備注】

組類：無名

材質：牛肩胛骨

尺寸：長五・二、寬二・五厘米

著録：《續存》下七九四、《謝》四三九、《合》二九四九二

來源：華東師大購入謝伯殳舊藏

館藏號：二一〇二一〇八

九五　某日問叀庚㱿事

本骨正面存辭一條。反面無字。

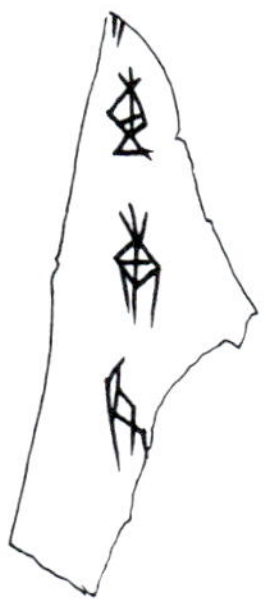

（一）〼□叀庚㱿〔一〕〼

【簡釋】

〔一〕「㱿」或比定作「度」「反」等字。

【備注】

組類：無名

材質：牛肩胛骨

尺寸：長四・〇、寬一・八厘米

著録：《謝》五三

來源：捐贈

館藏號：無號帶字甲骨－四

九六　某日問王叀洸等事

本骨正面存辭二條。反面無字。

（一）　王［叀］☐洸☐

（二）　☐𢦏（災）☐

【備注】

組類：無名

材質：牛肩胛骨

尺寸：長三・五、寬二・〇厘米

著録：《續存》下八五一、《謝》二五五、《合》四一五一七

來源：華東師大購入謝伯殳舊藏

館藏號：二一〇二一〇二

九七　某日問其焚夫有雨等事

本骨正面存辭二條。反面無字。

（一）其蔑（焚）☐［夫］，又（有）☐

（二）☐［又（有）］大雨。〔一〕

【簡釋】

〔一〕第二條辭夾刻于第一條辭兩行之間。

【備注】

組類：無名

材質：牛肩胛骨

尺寸：長三·七、寬二·五厘米

著録：《京》三八七〇、《續存》下七四〇、《謝》九七、《合》三〇一六八

來源：華東師大購入謝伯殳舊藏

館藏號：二一〇三－二九

九八　某日問其雨等事

本骨正面存辭二條。反面無字。

（一）丁酉卜☐

（二）其[雨]。

【備注】

組類：無名

材質：牛肩胛骨

尺寸：長三・一、寬二・五厘米

著録：《續存》下七三七、《謝》五五

來源：華東師大購入謝伯殳舊藏

館藏號：二一〇三－二六

九九　某日問翌日事

本骨正面存辭一條。反面無字。

（一）⍁⿺辶翼（翌）日⍁□⍁

【備注】

組類：無名

材質：牛肩胛骨

尺寸：長三・五、寬二・四厘米

著録：《謝》二一〇

來源：華東師大購入謝伯殳舊藏

館藏號：二一〇二一二七

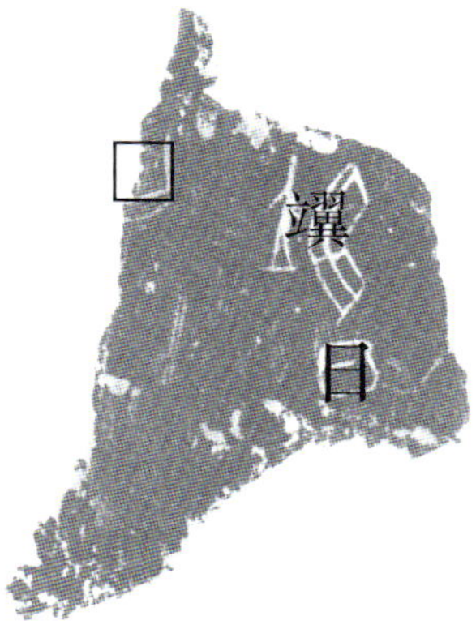

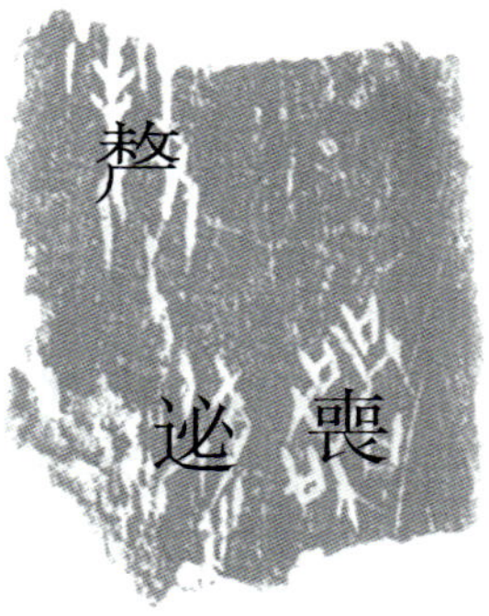

一〇〇　某日問䢼喪等事

本骨正面存辭二條。反面無字。

（一）☐䢼☐喪☐

（二）☐⿱敄产。

【備注】

組類：無名

材質：牛肩胛骨

尺寸：長三・〇、寬一・九厘米

著録：《京》四五八五、《謝》五二、《合》二九〇二〇

來源：捐贈

館藏號：無號帶字甲骨－一三

一〇一　某日問叀入自某事

本骨正面存辭一條。反面無字。

（一）叀入自☐

【備注】

組類：無名

材質：牛肩胛骨

尺寸：長三・八、寬一・八厘米

著録：《京》四六一一、《續存》下八二九、《謝》四〇四、《合》二七七六四、《合》四一五二一

來源：華東師大購入謝伯殳舊藏

館藏號：二一〇二一-二二

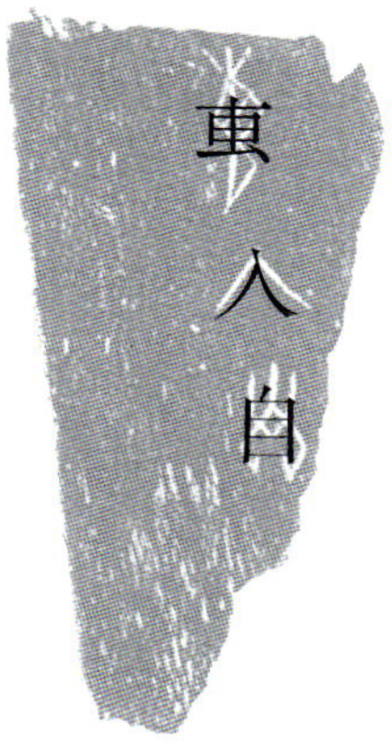

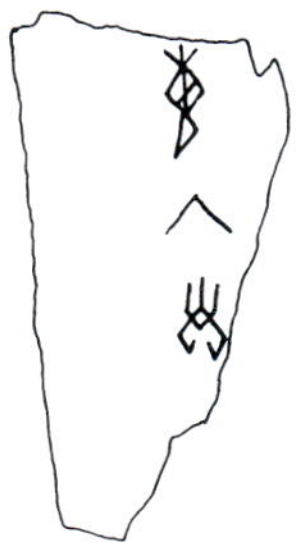

一〇二　某日問其田夙不遘雨事

本骨正面存辭一條。反面無字。

（一）［其］田，杋（夙）［不］冓（遘）雨。

【備注】

組類：無名

材質：牛肩胛骨

尺寸：長二・八、寬二・一厘米

著録：《京》四五四五、《續存》下八一六、《謝》八二、《合》二八五七四、《合》四一五六八

來源：華東師大購入謝伯殳舊藏

館藏號：二一〇三－二八

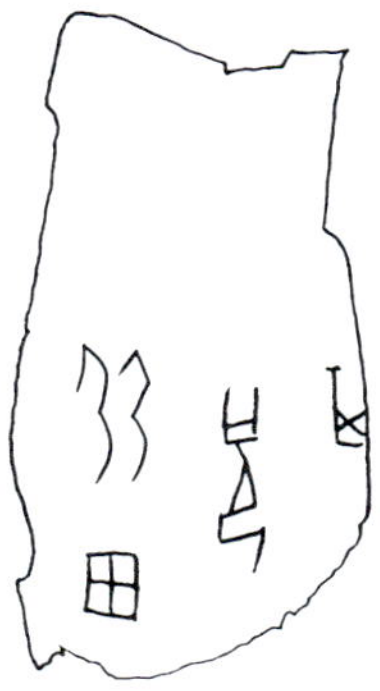

一〇三　某日問勿田祝某事

本骨正面存辭一條。反面無字。

（一）弜（勿）田☐祝☐其☐

【備注】

組類：無名

材質：牛肩胛骨

尺寸：長四・六、寬二・〇厘米

著録：未見

來源：捐贈

館藏號：無號帶字甲骨－一〇

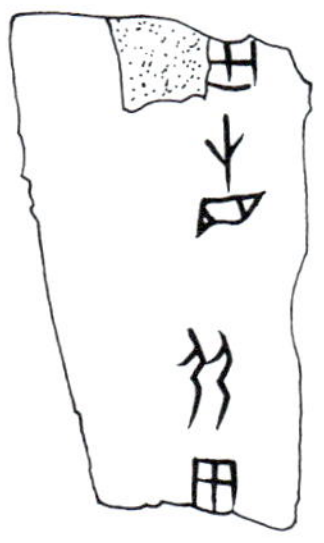

一〇四　某日問勿田與田省等事

本骨正面存辭二條。反面無字。

（一）弜（勿）［田］☐

（二）☐［田］省☐[一]

【簡釋】

［一］本骨《合集來源表》收藏單位誤作北京師範大學（第七三六頁）。

【備注】

組類：無名

材質：牛肩胛骨

尺寸：長三・七、寬一・七厘米

著録：《京》四五七四、《續存》下八一九、《謝》四〇五、《合》二八六六二

來源：華東師大購入謝伯殳舊藏

館藏號：二一〇二一－〇三

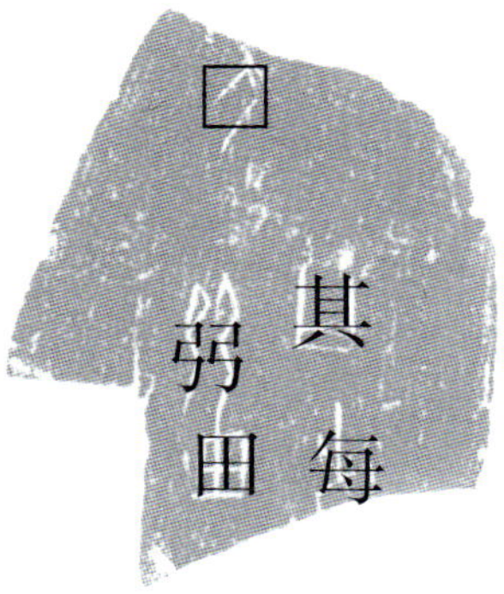

一〇五　某日問勿田其悔等事

本骨正面存辭二條。反面無字。

（一）弜（勿）田，其［每（悔）］。

（二）☐□☐

【備注】

組類：無名

材質：牛肩胛骨

尺寸：長三・一、寬二・三厘米

著録：《續存》下八一五、《謝》一一五、《合》二八六九五、《合》四一五五四

來源：華東師大購入謝伯殳舊藏

館藏號：二一〇三-二二

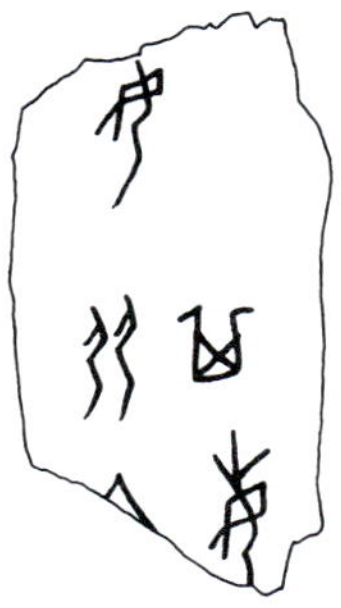

一〇六　某日問勿其悔等事

本骨正面存辭二條。反面無字。

（一）弜（勿）□，其每（悔）。

（二）□［每（悔）］。

【備注】

組類：無名

材質：牛肩胛骨

尺寸：長三・九、寬一・七厘米

著録：《京》四四七九、《續存》下八二六、《謝》三九五、《合》三一二六一

來源：華東師大購入謝伯殳舊藏

館藏號：二一〇三－一八

一〇七　某日問勿田其悔與于壬日王廼田亡災等事

本骨正面存辭四條。反面無字。

（一）庚申卜：□⧄

（二）弜（勿）田，其每（悔）。

（三）于壬王廼田，亡𢦔（災）。

（四）叀田省，亡𢦔（災）。

【備注】

組類：無名

材質：牛肩胛骨

尺寸：長一二·九、寬二·〇厘米

著録：《合》二八六〇九、《掇三》一二五

來源：一九五六至一九五八年購入

館藏號：C〇〇二三一一+C〇〇二三一四

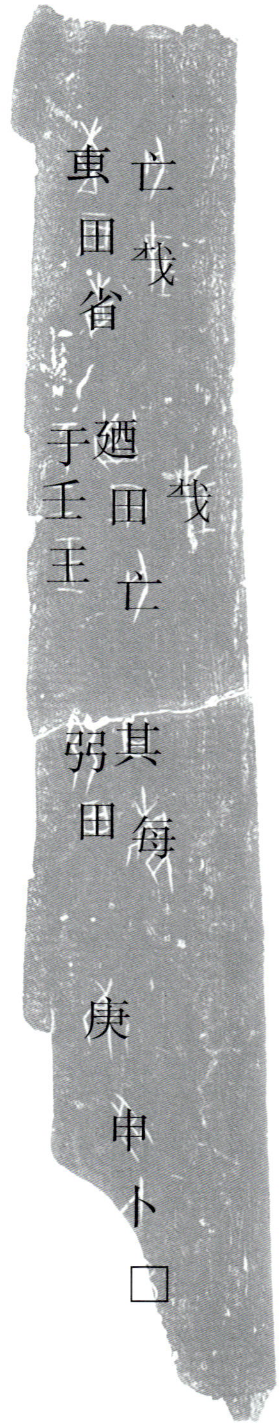
亡𢦏
叀田省
𢦏
迺田亡
于壬王
其每
弜田
庚申卜□

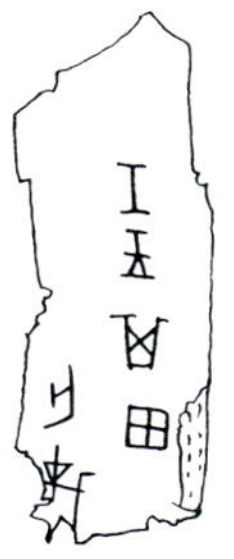

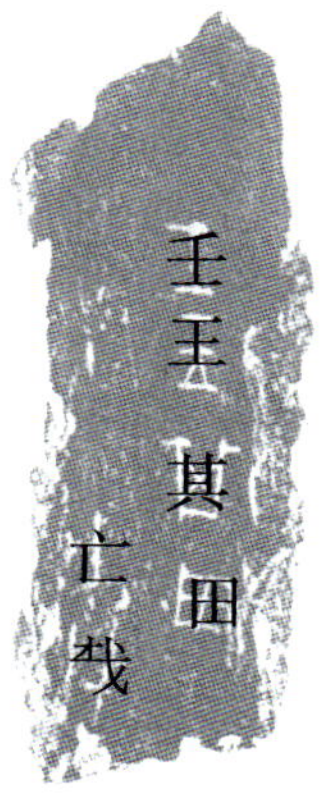

一〇八　某日問壬日王其田亡災事

本骨正面存辭一條。反面無字。

（一）壬王其田，亡𢦏（災）。

【備注】

組類：無名

材質：牛肩胛骨

尺寸：長四・三、寬一・四厘米

著録：《京》四五二四、《謝》四〇六、《合補》九〇六八

來源：捐贈

館藏號：無號帶字甲骨－九

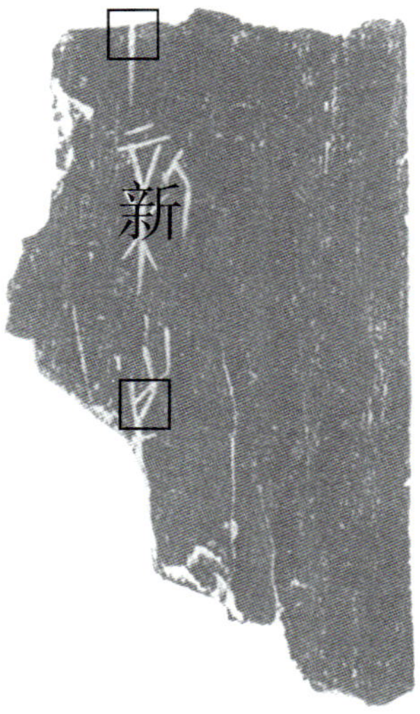

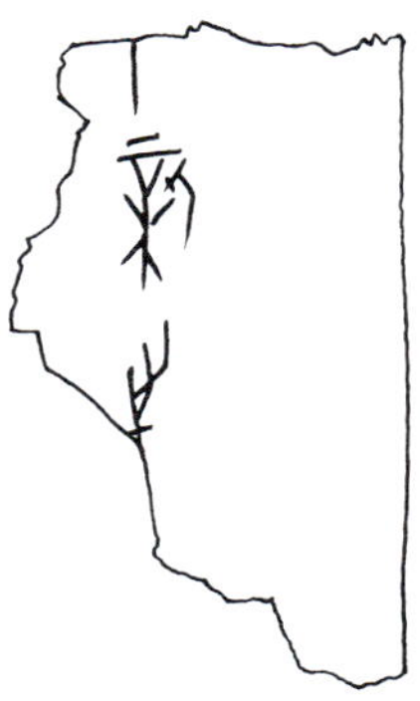

一〇九　新等字殘辭

本骨正面存辭一條。反面無字。

（一）☐□新□〔一〕☐

【簡釋】

〔一〕殘字从「止」。

【備注】

組類：無名

材質：牛肩胛骨

尺寸：長四・六、寬二・五厘米

著録：《續存》下七七五、《謝》四四〇、《合》三〇八〇二、《合》四一六九三

來源：華東師大購入謝伯殳舊藏

館藏號：二一〇三一二五

一一〇　亥日卜往田亡災事

本骨正面存辭一條。反面無字。

（一）　□［亥卜］□㞷（往）田，亡𢦏（災）。

【備注】

組類：無黄

材質：牛肩胛骨

尺寸：長四・八、寬二・四厘米

著録：《謝》四〇一（全）

來源：捐贈

館藏號：無號帶字甲骨－一六＋無號帶字甲骨－一七

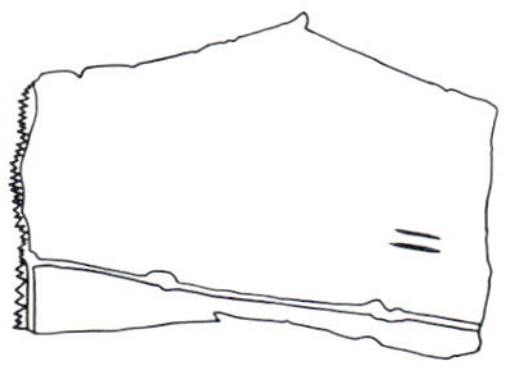

一一一　二字殘辭

本甲正面存辭一條。反面無字。

（一）二〔一〕

【簡釋】

〔一〕本甲除兆序「二」外，餘字皆僞，不録。

【備注】

組類：未明

材質：龜腹甲

尺寸：長三・一、寬二・三厘米

著録：《謝》二〇九

來源：華東師大購入謝伯殳舊藏

館藏號：二一〇一－二〇

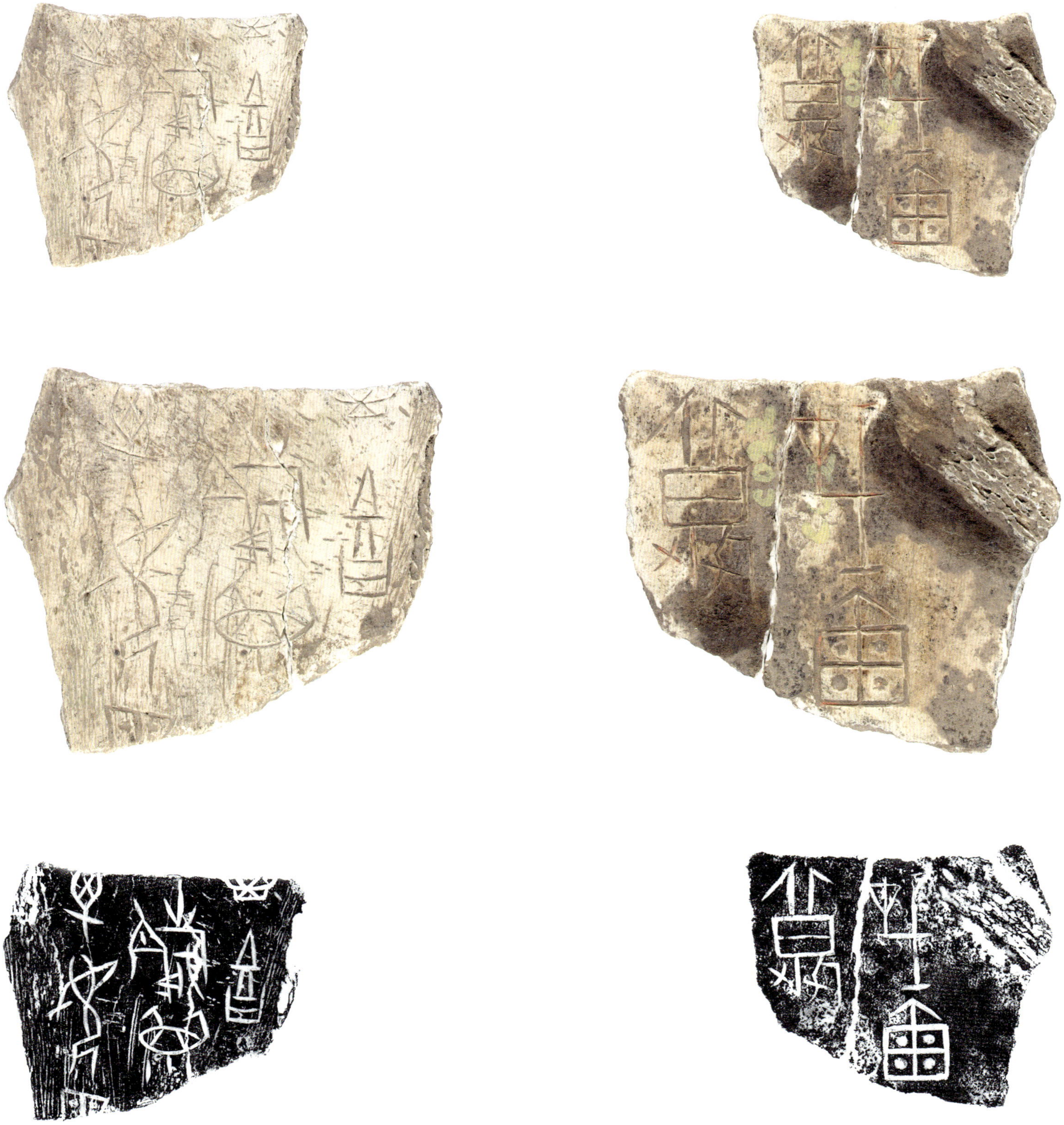

一一二

習刻殘辭

本骨正反皆係習刻。正面存文二行，反面存文三行，且塗朱，不録。

【備注】

材質：牛肩胛骨

尺寸：長五・一、寬五・七厘米

著録：未見

來源：一九五六至一九五八年購入

館藏號：C〇〇二二－二＋C〇〇二二－三

一一三　習刻殘辭

本骨正面存文係習刻，不録。反面無字。

【備注】

材質：牛肩胛骨

尺寸：長三・八、寬二・一厘米

著録：《謝》四三

來源：捐贈

館藏號：無號帶字甲骨－三

一一四　刻劃牛骨

【備注】

材質：牛肋骨

尺寸：長一七・七、寬三・一厘米

著録：未見

來源：一九五六至一九五八年購入

館藏號：C〇〇二二一-八+C〇〇二二一-九+C〇〇二二一-一〇+C〇〇二二一-一一

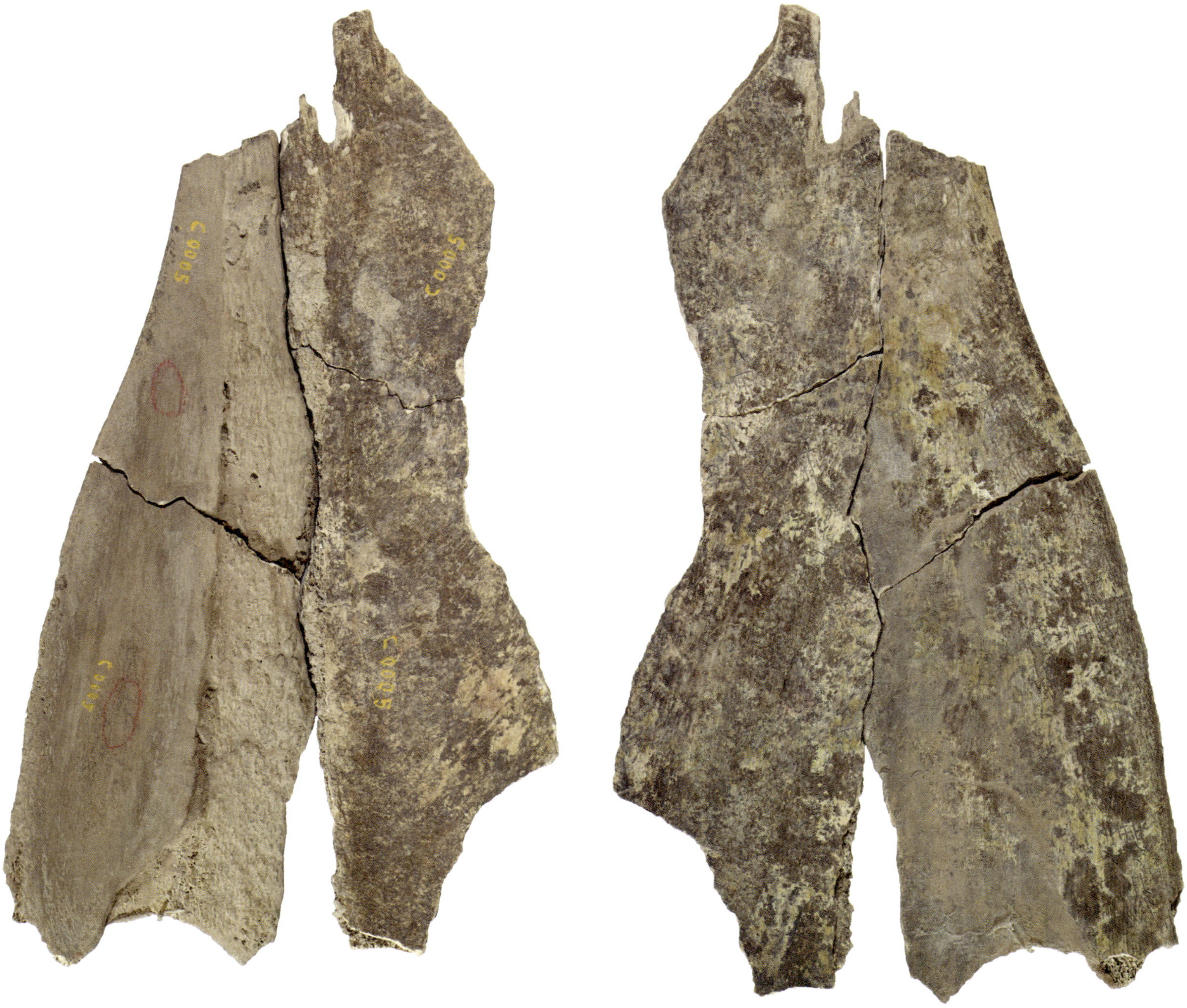

一一五　僞刻牛肩胛骨

本骨存文皆僞刻，不録。下同。已裂爲四片，其中館藏C〇〇〇五－一即《續存》下七三九。本骨左半仿刻自《合》三〇〇三一（《安明》一八二七），右半仿刻自《合》三三〇三三（《明後》二五三七、《南明》六一七）。另《合》四一六〇六（《臺中圖》六五）亦仿刻《明後》二五三七。參松丸道雄《甲骨文僞造問題新探》第三九〇至三九四頁及蔡哲茂《〈甲骨文合集〉辨僞舉例》第八片。

【備注】

材質：牛肩胛骨

尺寸：長一八・〇、寬一〇・〇厘米

著録：〔左〕《續存》下七三九、《存補》五・八八・一、《謝》一（全）

來源：華東師大購入謝伯殳舊藏

館藏號：C〇〇〇五

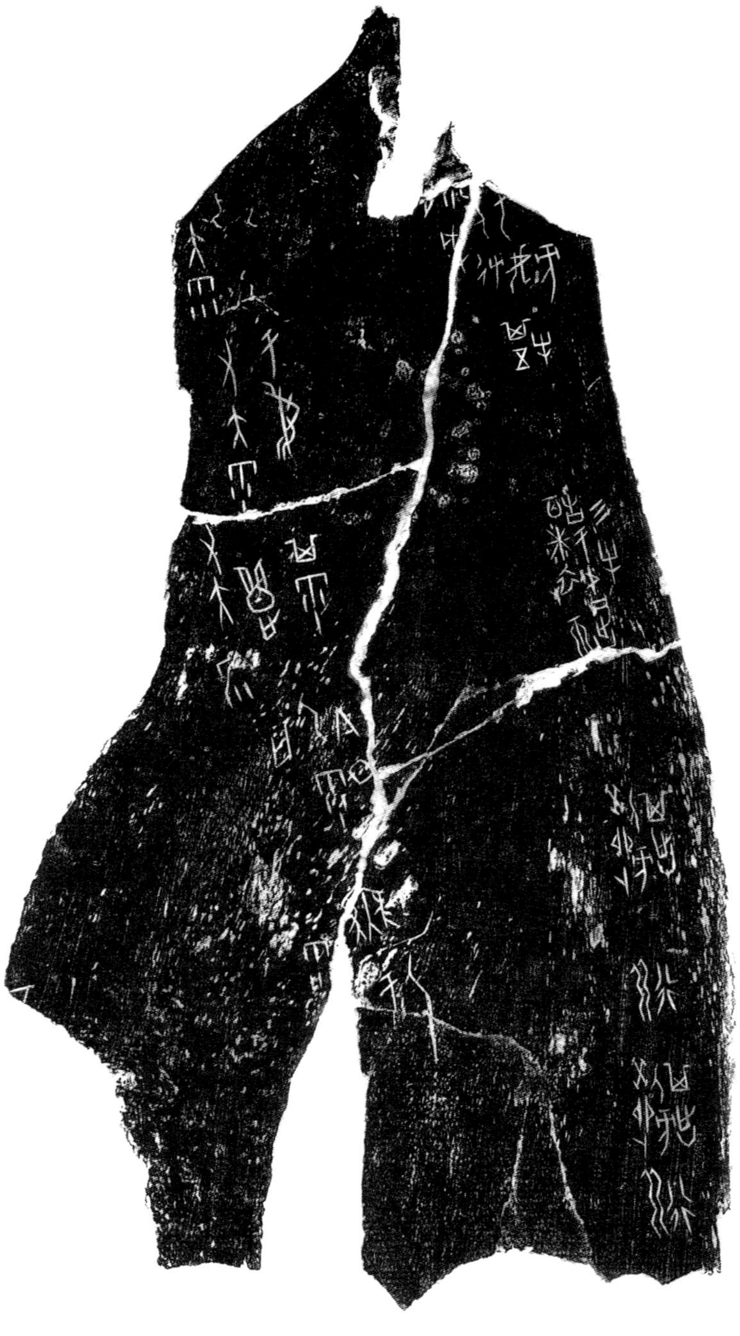

一一六　僞刻骨鏃

【備注】
材質：骨
尺寸：長四・八、寬二・三厘米
著録：未見
來源：捐贈
館藏號：C〇〇〇二

一一七　僞刻牛肩胛骨

【備注】

材質：牛肩胛骨

尺寸：長一〇・三、寬六・六厘米

著録：未見

來源：華東師大購入謝伯殳舊藏

館藏號：C〇〇〇四－一

一一八　僞刻牛肩胛骨

【備注】

材質：牛肩胛骨

尺寸：長四・七、寬七・四厘米

著録：未見

來源：捐贈

館藏號：無號帶字甲骨－一九

一一九　僞刻牛肩胛骨

【備注】

材質：牛肩胛骨

尺寸：長七・一、寬五・三厘米

著録：未見

來源：捐贈

館藏號：無號帶字甲骨－一〇

一二〇　僞刻牛肩胛骨

【備注】

材質：牛肩胛骨

尺寸：長四・二、寬二・四厘米

著録：未見

來源：捐贈

館藏號：無號帶字甲骨－一一

一二一　僞刻牛肩胛骨

【備注】

材質：牛肩胛骨

尺寸：長一三・二、寬六・二厘米

著録：未見

來源：捐贈

館藏號：無號帶字甲骨－一二一

一二三　僞刻牛肩胛骨

【備注】

材質：牛肩胛骨

尺寸：長一一・五、寬一〇・三厘米

著録：未見

來源：捐贈

館藏號：無號帶字甲骨－一二三

一二三　僞刻牛肩胛骨

【備注】

材質：牛肩胛骨

尺寸：長一一・〇、寬六・〇厘米

著録：未見

來源：捐贈

館藏號：無號帶字甲骨－一四

一二四　僞刻牛肩胛骨

【備注】

材質：牛肩胛骨

尺寸：長一〇・九、寬一・七厘米

著録：未見

來源：捐贈

館藏號：無號帶字甲骨－一二五

一二五　僞刻牛肩胛骨

【備注】

材質：牛肩胛骨

尺寸：長六・七、寬五・六厘米

著録：未見

來源：捐贈

館藏號：無號帶字甲骨－二六

一二六　僞刻牛肩胛骨

【備注】

材質：牛肩胛骨

尺寸：長一二・九、寬六・〇厘米

著録：未見

來源：捐贈

館藏號：無號帶字甲骨－一七

一二七　僞刻牛肩胛骨

【備注】

材質：牛肩胛骨

尺寸：長九・八、寬五・九厘米

著録：未見

來源：捐贈

館藏號：無號帶字甲骨－一八

一二八　僞刻牛肩胛骨

【備注】

材質：牛肩胛骨

尺寸：長一一・八、寬七・七厘米

著録：未見

來源：捐贈

館藏號：無號帶字甲骨-二九

一二九　僞刻牛肩胛骨

【備注】

材質：牛肩胛骨

尺寸：長一一・二、寬五・七厘米

著録：未見

來源：捐贈

館藏號：無號帶字甲骨－三〇

一三〇　僞刻牛肩胛骨

【備注】

材質：牛肩胛骨

尺寸：長八・三、寬五・五厘米

著録：未見

來源：捐贈

館藏號：無號帶字甲骨－三一

一三一　無字骨

【備注】

材質：骨

尺寸：長四・五、寬七・〇厘米

著録：未見

來源：未詳

館藏號：無字甲骨－三一

一三二　無字牛肩胛骨

【備注】

材質：牛肩胛骨

尺寸：長三・二、寬五・二厘米

著録：未見

來源：未詳

館藏號：無字甲骨－三二

一三三　無字牛肩胛骨

【備注】

材質：牛肩胛骨

尺寸：長一・四、寬二・一厘米

著録：未見

來源：未詳

館藏號：無字甲骨－三四

一三四　無字蚌片

【備注】

材質：蚌殼

尺寸：長一・〇、寬三・四厘米

著録：未見

來源：未詳

館藏號：無字甲骨－三五

一三五　無字牛肩胛骨

【備注】

材質：牛肩胛骨

尺寸：長二・二、寬三・六厘米

著録：未見

來源：未詳

館藏號：無字甲骨－三六

一三六　無字牛肩胛骨

【備注】
材質：牛肩胛骨
尺寸：長六・四、寬三・四厘米
著録：未見
來源：未詳
館藏號：無字甲骨－三七

一三七　無字甲骨

【備注】
材質：甲骨
尺寸：長三・八、寬二・三厘米
著録：未見
來源：未詳
館藏號：無字甲骨－三八

一三八　無字牛肩胛骨

【備注】
材質：牛肩胛骨
尺寸：長二・二、寬三・〇厘米
著録：未見
來源：未詳
館藏號：無字甲骨 - 三九

一三九　無字骨

【備注】
材質：骨
尺寸：長〇・八、寬一・八厘米
著録：未見
來源：未詳
館藏號：無字甲骨 - 四〇

一四〇　骨飾

【備注】
材質：骨
尺寸：長六・八、寬一・九厘米
著録：未見
來源：未詳
館藏號：無字甲骨 - 四一

索引表

表一　本書著録情況一覽表

本書編號	館藏號	《京》編號	《續存》編號	《謝》編號	《合》《合補》編號	其他著録編號
一	二二〇一-〇二	京三一〇〇	續存下五九二	謝八八	合二〇九八二	
二	二二〇二-一四			謝七八		
三	二二〇一-〇六			謝一二四		
四	二二〇一-二一	京八二一(不全)		謝七七	合二〇九三(不全)	
五	C〇〇〇六-六	〔正〕京七一五	〔正〕續存下二〇五	〔正〕謝一一二	〔正反〕合一八五二	
六	C〇〇〇六-四	京一〇二二		謝七五	合一一一二七	
七	二二〇三-〇五			謝六〇		
八	C〇〇〇六-八	京五二一	續存下九〇	謝一一七	合一三四五八	
九	二二〇一-〇八	京四〇五		謝九八	合一一八二六	
一〇	二二〇一-〇四	京二一三九		謝二〇八	合四一六八	
一一	二二〇一-二三			謝二〇四		
一二	C〇〇〇六-七	京一三三九	續存下三一四	謝九三	合六八四〇	
一三	二二〇一-一八	京二五八五(全)	續存下三二五(全)	謝二六〇(全)	合七六四六	
一四	二二〇二-一二	京三八一一	續存下七三二	謝一一九	合三四〇一九	
一五	二二〇一-〇三			謝二〇七		
一六	二二〇一-一一					
一七	C〇〇〇六-二	京三九七	續存下一〇五	謝九一	合一二四五五	
一八	二二〇一-二五			謝一二一(全)		
一九	二二〇一-一〇	京四九三、京二三八七	續存下四九三	謝二一四	合三一九一	南坊四・二三
二〇	C〇〇〇六-一〇	京一五二三	續存下四九四	謝一〇六	合七〇七八	
二一	C〇〇〇六-五		續存下八二五		合四一三七九	
二二	C〇〇〇六-九	京六一六	續存下一八一(不全)	謝三三六	合一四六六一	
二三	二二〇三-一七			〔正反〕謝二八九	〔正〕合一七九四三	
二四	二二〇一-一九			謝八四		
二五	C〇〇〇六-三	京五九七	續存下一七二	謝二〇二	合一四五六〇	
二六	二二〇一-〇七			謝八八		
二七	二二〇二-一七		續存下九二	謝三五五		

本書編號	館藏號	《京》編號	《續存》編號	《謝》編號	《合》《合補》編號	其他著録編號
二八	二一〇一-一四			謝三五六		
二九	二一〇一-一二			謝八六		
三〇	二一〇二-一五			謝一〇八（全）		
三一	二一〇二-一八			謝三三七		
三二	二一〇一-一五			謝二〇五		
三三	二一〇二-二〇			謝四〇八		
三四	二一〇二-二四			謝三六八		
三五	二一〇二-二一	京二一〇七	續存下四七五	謝五八	合五五八六	
三六	二一〇一-一七	（正）京一三 （反）京一四		（正反）謝三五七		
三七	二一〇三-一五			謝三六七		
三八	二一〇二-二六			謝三四九（全）		
三九	二一〇三-二四	（正）京一四三 （反）京一四四		（正反）謝一一三		
四〇	二一〇三-二七	京二五五二	續存下四九五	謝二〇一	合一八四〇九	
四一	無號帶字甲骨-五		（正）續存上六四 （臼）續存上六五		（正臼）合一七五〇八	
四二	C〇〇二二-七					
四三	二一〇一-〇九	京二三八八		謝一〇五		
四四	二一〇三-〇六			謝二		
四五	二一〇二-二三	（正）京二一〇 （反）京二一一	（正）續存下七 （反）續存下八	（正反）謝四二二	合九二〇九	
四六	二一〇二-二五		續存下一六〇	謝三三八	合九七二六	
四七	二一〇一-二四			謝一〇〇		
四八	二一〇三-二〇			謝二一一		
四九	二一〇二-一九			謝九二		
五〇	二一〇二-一六			謝五一		
五一	二一〇一-〇五	京六三五		謝二一三		
五二	C〇〇〇六-一			謝七九		
五三	無號帶字甲骨-一八					
五四	二一〇三-一三			（正）謝四〇七		

本書編號	館藏號	《京》編號	《續存》編號	《謝》編號	《合》《合補》編號	其他著録編號
五五	二一〇一-一二			謝一〇二		
五六	二一〇三-一九			謝七六		
五七	二一〇一-〇一			謝八〇		
五八	二一〇三-〇七	京二八一〇		謝三二		
五九	二一〇一-一三			謝九四		
六〇	二一〇三-一一			謝一〇三		
六一	二一〇三-〇一			謝五四		
六二	二一〇三-〇八			謝二五三		
六三	二一〇三-一二			謝二一二		
六四	二一〇一-一六			謝九〇		
六五	無號帶字甲骨-一五					
六六	二一〇二-一三			謝三五四		
六七	二一〇三-二三		續存下七二九	謝一〇一	合二三七七九、合四一〇一四	
六八	無號帶字甲骨-八			謝四八		
六九	二一〇二-〇七			謝四〇三		
七〇	二一〇三-二一		續存下四三九	謝三五三	合四一六七九	
七一	二一〇三-〇九	京三八四三	續存下九七	謝一〇七	合補一〇六〇六	
七二	二一〇三-一四-一+二一〇三-一四-二	（正）京四四〇四（不全）（反）京四四〇五（不全）		（正反）謝四五+謝八五	（正）合補一〇四九五（不全）（反）合補一〇五二八（不全）	
七三	二一〇三-一〇	京四五四八	續存下三五五	謝四一二	合三一九二八、合四〇七八六	
七四	無號帶字甲骨-一三			謝二五七		
七五	二一〇二-〇一	京三九二八		謝四七		
七六	二一〇二-一一			謝四一一		
七七	二一〇二-一〇			謝三一		
七八	C〇〇〇四-二	京四三六九	續存下七七六		合三四〇四二	
七九	無號帶字甲骨-一	京四七九四		謝二五九	合三五二〇七	
八〇	二一〇二-〇九	京一五二一		謝五六	合補一〇四九六	
八一	二一〇二-〇四	京四〇五一	續存下七六二	謝四〇九	合二七四六七	
八二	二一〇二-〇六		續存下七七三	謝一二五	合三四〇七七	
八三	二一〇三-一六			謝四四三		

本書編號	館藏號	《京》編號	《續存》編號	《謝》編號	《合》《合補》編號	其他著録編號
八四	無號帶字甲骨-二	京四〇四七		謝五二五	合一七二一四	
八五	二一〇三-〇四			謝一一四		
八六	C〇〇二二-六				合三〇八〇六(全)	存補六·四三三·一、掇三一二六(全)
八七	無號帶字甲骨-七			謝二五八		
八八	無號帶字甲骨-六			謝八一		
八九	二一〇三-〇二		續存下七四六	謝四七六	合一八二一二	
九〇	二一〇三-〇三			謝一一八		
九一	無號帶字甲骨-一一	京四〇一七		謝四四四	合一七二八四	
九二	二一〇二-〇五	京四三一九	續存下七七四	謝四七五	合三〇七二一	
九三	無號帶字甲骨-一四					
九四	二一〇二-〇八		續存下七九四	謝四三九	合一九四九二	
九五	無號帶字甲骨-四			謝五三		
九六	二一〇二-〇二		續存下八五一	謝二五五	合四一五一七	
九七	二一〇三-二九	京三八七〇	續存下七四〇	謝九七	合三〇一六八	
九八	二一〇三-二六		續存下七三七	謝五五		
九九	二一〇二-二七			謝二一〇		
一〇〇	無號帶字甲骨-一三	京四五八五		謝五二	合一九〇二〇	
一〇一	二一〇二-二三	京四六一一	續存下八二九	謝四〇四	合一七七六四、合四一五二一	
一〇二	二一〇三-二八	京四五四五	續存下八一六	謝八二	合一八五七四、合四一五六八	
一〇三	無號帶字甲骨-一〇					
一〇四	二一〇二-〇三	京四五七四	續存下八一九	謝四〇五	合一八六六二	
一〇五	二一〇三-二三		續存下八一五	謝一一五	合一八六九五、合四一五五四	
一〇六	二一〇三-一八	京四四七九	續存下八二六	謝三九五	合三一二六一	
一〇七	C〇〇二二-一+C〇〇二二-四				合一八六〇九	掇三一二五
一〇八	無號帶字甲骨-九	京四五二四		謝四〇六	合補九〇六八	
一〇九	二一〇三-二五		續存下七七五	謝四四〇	合三〇八〇二、合四一六九三	
一一〇	無號帶字甲骨-一六+無號帶字甲骨-一七			謝四〇一(全)		
一一一	二一〇一-二〇			謝二〇九		
一一二	C〇〇二二-二+C〇〇二二-三					
一一三	無號帶字甲骨-三			謝四三		

本書編號	館藏號	《京》編號	《續存》編號	《謝》編號	《合》《合補》編號	其他著録編號
一一四	C〇〇二二-八+C〇〇二二-九+C〇〇二二-一〇+C〇〇二二-一一					
一一五	C〇〇〇五		〔左〕續存下七三九	謝一（全）		〔左〕存補五·八八·一
一一六	C〇〇〇二					
一一七	C〇〇〇四-一					
一一八	無號帶字甲骨-一九					
一一九	無號帶字甲骨-二〇					
一二〇	無號帶字甲骨-二一					
一二一	無號帶字甲骨-二二					
一二二	無號帶字甲骨-二三					
一二三	無號帶字甲骨-二四					
一二四	無號帶字甲骨-二五					
一二五	無號帶字甲骨-二六					
一二六	無號帶字甲骨-二七					
一二七	無號帶字甲骨-二八					
一二八	無號帶字甲骨-二九					
一二九	無號帶字甲骨-三〇					
一三〇	無號帶字甲骨-三一					
一三一	無字甲骨-三二					
一三二	無字甲骨-三三					
一三三	無字甲骨-三四					
一三四	無字甲骨-三五					
一三五	無字甲骨-三六					
一三六	無字甲骨-三七					
一三七	無字甲骨-三八					
一三八	無字甲骨-三九					
一三九	無字甲骨-四〇					
一四〇	無字甲骨-四一					

表二 《合》《合補》與本書對照表

《合》《合補》編號	本書編號
合一八五二	五正反
合二〇九三（不全）	四
合三一九一	一九
合四一六八	一〇
合五五八六	三五
合六八四〇	一二
合七〇七八	二〇
合七六四六	一三
合九二〇九	四五
合九七二六	四六
合一一一二七	六
合一一八二六	九
合一二四五五	一七
合一三四五八	八
合一四五六〇	二五
合一四六六一	二二
合一七五〇八	四一
合一七九四三	二三正
合一八四〇九	四〇
合二〇九八二	一
合二三七七九	六七
合二七二一四	八四
合二七二八四	九一
合二七四六七	八一
合二七七六四	一〇一
合二八二一二	八九
合二八五七四	一〇二
合二八六〇九	一〇七
合二八六六二	一〇四
合二八六九五	一〇五
合二九〇二〇	一〇〇
合二九四九二	九四
合三〇一六八	九七
合三〇七二一	九二
合三〇八〇二	一〇九
合三〇八〇六（全）	八六
合三一二六一	一〇六
合三一九二八	七三
合三四〇一九	一四
合三四〇四二	七八
合三四〇七七	八二
合三五二〇七	七九
合四〇七八六	七三
合四一〇一四	六七
合四一三七九	二一
合四一五一七	九六
合四一五二一	一〇一
合四一五五四	一〇五
合四一五六八	一〇二
合四一六七九	七〇
合四一六九三	一〇九
合補九〇六八	一〇八
合補一〇四九五（不全）	七二正
合補一〇四九六	八〇
合補一〇五二八（不全）	七二反
合補一〇六〇六	七一

表三　館藏號與本書對照表

館藏號	本書編號
二一〇一-〇一	五七
二一〇一-〇二	一
二一〇一-〇三	一五
二一〇一-〇四	一〇
二一〇一-〇五	五一
二一〇一-〇六	三
二一〇一-〇七	二六
二一〇一-〇八	九
二一〇一-〇九	四三
二一〇一-一〇	一九
二一〇一-一一	一六
二一〇一-一二	五五
二一〇一-一三	五九
二一〇一-一四	二八
二一〇一-一五	三二
二一〇一-一六	六四
二一〇一-一七	三六
二一〇一-一八	一三
二一〇一-一九	二四
二一〇一-二〇	一一一
二一〇一-二一	四
二一〇一-二二	二九
二一〇一-二三	一一
二一〇一-二四	四七
二一〇一-二五	一八
二一〇二-〇一	七五
二一〇二-〇二	九六
二一〇二-〇三	一〇四
二一〇二-〇四	八一
二一〇二-〇五	九二
二一〇二-〇六	八二
二一〇二-〇七	六九
二一〇二-〇八	九四
二一〇二-〇九	八〇
二一〇二-一〇	七七
二一〇二-一一	七六
二一〇二-一二	一四
二一〇二-一三	六六
二一〇二-一四	二
二一〇二-一五	三〇
二一〇二-一六	五〇
二一〇二-一七	二七
二一〇二-一八	三一
二一〇二-一九	四九
二一〇二-二〇	三三
二一〇二-二一	三五
二一〇二-二二	一〇一
二一〇二-二三	四五
二一〇二-二四	三四
二一〇二-二五	四六
二一〇二-二六	三八
二一〇二-二七	九九
二一〇三-〇一	六一
二一〇三-〇二	八九
二一〇三-〇三	九〇
二一〇三-〇四	八五
二一〇三-〇五	七
二一〇三-〇六	四四
二一〇三-〇七	五八
二一〇三-〇八	六二
二一〇三-〇九	七一
二一〇三-一〇	七三
二一〇三-一一	六〇
二一〇三-一二	六三
二一〇三-一三	五四
二一〇三-一四-一+二一〇三-一四-二	七二
二一〇三-一五	三七
二一〇三-一六	八三
二一〇三-一七	二三
二一〇三-一八	一〇六
二一〇三-一九	五六
二一〇三-二〇	四八
二一〇三-二一	七〇
二一〇三-二二	一〇五
二一〇三-二三	六七
二一〇三-二四	三九
二一〇三-二五	一〇九
二一〇三-二六	九八
二一〇三-二七	四〇
二一〇三-二八	一〇二
二一〇三-二九	九七

館藏號	本書編號
C〇〇〇二	一一六
C〇〇〇四-一	一一七
C〇〇〇四-二	七八
C〇〇〇五	一一五
C〇〇〇六-一	五二
C〇〇〇六-二	一七
C〇〇〇六-三	二五
C〇〇〇六-四	六
C〇〇〇六-五	二一
C〇〇〇六-六	五
C〇〇〇六-七	一三
C〇〇〇六-八	八
C〇〇〇六-九	二三
C〇〇〇六-一〇	二〇
C〇〇二二-一+C〇〇二二-四	一〇七
C〇〇二二-二+C〇〇二二-三	一一二
C〇〇二二-六	八六
C〇〇二二-七	四二
C〇〇二二-八+C〇〇二二-九+C〇〇二二-一〇+C〇〇二二-一一	一一四
無號帶字甲骨-一	七九
無號帶字甲骨-二	八四
無號帶字甲骨-三	一一三
無號帶字甲骨-四	九五
無號帶字甲骨-五	四一
無號帶字甲骨-六	八八
無號帶字甲骨-七	八七
無號帶字甲骨-八	六八
無號帶字甲骨-九	一〇八
無號帶字甲骨-一〇	一〇三

館藏號	本書編號
無號帶字甲骨-一一	九一
無號帶字甲骨-一二	七四
無號帶字甲骨-一三	一〇〇
無號帶字甲骨-一四	九三
無號帶字甲骨-一五	六五
無號帶字甲骨-一六+無號帶字甲骨-一七	一一〇
無號帶字甲骨-一八	五三
無號帶字甲骨-一九	一一八
無號帶字甲骨-二〇	一一九
無號帶字甲骨-二一	一二〇
無號帶字甲骨-二二	一二一
無號帶字甲骨-二三	一二二
無號帶字甲骨-二四	一二三
無號帶字甲骨-二五	一二四
無號帶字甲骨-二六	一二五
無號帶字甲骨-二七	一二六
無號帶字甲骨-二八	一二七
無號帶字甲骨-二九	一二八
無號帶字甲骨-三〇	一二九
無號帶字甲骨-三一	一三〇
無字甲骨-三二	一三一
無字甲骨-三三	一三二
無字甲骨-三四	一三三
無字甲骨-三五	一三四
無字甲骨-三六	一三五
無字甲骨-三七	一三六
無字甲骨-三八	一三七
無字甲骨-三九	一三八
無字甲骨-四〇	一三九
無字甲骨-四一	一四〇

表四 《京》與本書對照表

《京》編號	本書編號
京一三	三六正
京一四	三六反
京二〇	四五正
京二一	四五反
京一四三	三九正
京一四四	三九反
京三九七	一七
京四〇五	九
京四九三	一九
京五二一	八
京五九七	二五
京六一六	二二
京六三五	五一
京七一五	五正
京八二一(不全)	四
京一〇二二	六
京一三三九	一二
京一五二一	八〇
京一五二三	二〇
京二一〇七	三五
京二一三九	一〇
京二三八七	一九
京二三八八	四三
京二五五二	四〇
京二五八五(全)	一三
京二八一〇	五八
京三一〇〇	一

《京》編號	本書編號
京三八一一	一四
京三八四三	七一
京三八七〇	九七
京三九二八	七五
京四〇一七	九一
京四〇四七	八五
京四〇五一	八一
京四三一九	九二
京四三六九	七八
京四四〇四(不全)	七二正
京四四〇五(不全)	七二反
京四四七九	一〇六
京四五二四	一〇八
京四五四五	一〇二
京四五四八	七三
京四五七四	一〇四
京四五八五	一〇〇
京四六一一	一〇一
京四七九四	七九

表五 《續存》與本書對照表

《續存》編號	本書編號
續存下七	四五正
續存下八	四五反
續存下九〇	八
續存下九二	二七
續存下九七	七一
續存下一〇五	一七
續存下一六〇	四六
續存下一七二	二五
續存下一八一	二二
續存下二〇五	五正
續存下三一四	一二
續存下三二五（全）	一三
續存下三五五	七三
續存下四三九	七〇
續存下四七五	三五
續存下四九三	一九
續存下四九四	二〇
續存下四九五	四〇
續存下五九二	一
續存下七二九	六七
續存下七三二	一四
續存下七三七	九八
續存下七三九	一一五左
續存下七四〇	九七
續存下七四六	八九
續存下七六二	八一
續存下七七三	八二
續存下七七四	九二
續存下七七五	一〇九
續存下七七六	七八
續存下七九四	九四
續存下八一五	一〇五
續存下八一六	一〇二
續存下八一九	一〇四
續存下八二五	二一
續存下八二六	一〇六
續存下八二九	一〇一
續存下八五一	九六
續存上六四	四一正
續存上六五	四一臼

表六　《謝》與本書對照表

《謝》編號	本書編號
謝一（全）	一一五
謝二	四四
謝三一	七七
謝三二	五八
謝四三	一一三
謝四五+謝八五	七二正反
謝四七	七五
謝四八	六八
謝五一	五〇
謝五二	一〇〇
謝五三	九五
謝五四	六一
謝五五	九八
謝五六	八〇
謝五八	三五
謝六〇	七
謝七五	六
謝七六	五六
謝七七	四
謝七八	二
謝七九	五二
謝八〇	五七
謝八一	八八
謝八二	一〇二
謝八四	二四
謝八六	二九
謝八八	一
謝八八	二六
謝九〇	六四
謝九一	一七
謝九二	四九
謝九三	一二
謝九四	五九
謝九七	九七
謝九八	九
謝一〇〇	四七
謝一〇一	六七
謝一〇二	五五
謝一〇三	六〇
謝一〇五	四三
謝一〇六	二〇
謝一〇七	七一
謝一〇八（全）	三〇
謝一一二	五正
謝一一三	三九正反
謝一一四	八五
謝一一五	一〇五
謝一一七	八
謝一一八	九〇
謝一一九	一四
謝一二一（全）	一八
謝一二四	三
謝一二五	八二
謝二〇一	四〇
謝二〇二	二五
謝二〇四	一一
謝二〇五	三二
謝二〇七	一五
謝二〇八	一〇
謝二〇九	一一一
謝二一〇	九九
謝二一一	四八
謝二一二	六三
謝二一三	五一
謝二一四	一九
謝二五三	六二
謝二五五	九六
謝二五七	七四
謝二五八	八七
謝二五九	七九
謝二六〇（全）	一三
謝二八九	二三正反
謝三三六	二二
謝三三七	三一
謝三三八	四六
謝三四九（全）	三八
謝三五三	七〇
謝三五四	六六
謝三五五	二七
謝三五六	二八
謝三五七	三六正反

《謝》編號	本書編號
謝三六七	三七
謝三六八	三四
謝三九五	一〇六
謝四〇一（全）	一一〇
謝四〇三	六九
謝四〇四	一〇一
謝四〇五	一〇四
謝四〇六	一〇八
謝四〇七	五四正
謝四〇八	三三
謝四〇九	八一
謝四一一	七六
謝四一二	七三
謝四二二	四五正反
謝四三九	九四
謝四四〇	一〇九
謝四四三	八三
謝四四四	九一
謝四七五	九二
謝四七六	八九
謝五二五	八四

表七　其他著録與本書對照表

其他著録編號	本書編號
南坊四・二三	一九
存補五・八八・一	一一五左
存補六・四三三・一	八六
掇三一二五	一〇七
掇三一二六（全）	八六

表八 《謝》與《宮藏謝》《宮華師》對照表

《謝》編號	《宮藏謝》《宮華師》編號
謝一	宮華師一一五
謝二	宮華師四四
謝三	宮藏謝四一〇
謝四	宮藏謝四二六
謝五	宮藏謝三七四
謝六	宮藏謝四二〇
謝九	宮藏謝三七八
謝一〇	宮藏謝四一六
謝一一	宮藏謝四〇三
謝一二	宮藏謝三九二
謝一三	宮藏謝三七〇
謝一四	宮藏謝四六七
謝一五	宮藏謝四六八
謝一六	宮藏謝二八五
謝一七	宮藏謝二正
謝一八	宮藏謝二九〇
謝一九	宮藏謝五〇四反
謝二〇	宮藏謝二九一
謝二一	宮藏謝四五八
謝二二	宮藏謝四三二
謝二三	宮藏謝三四四
謝二四	宮藏謝五〇六
謝二五	宮藏謝四七六
謝二六	宮藏謝四四〇
謝三一	宮華師七七
謝三二	宮華師五八
謝三三	宮藏謝四四二

《謝》編號	《宮藏謝》《宮華師》編號
謝三四	宮藏謝一二
謝三五	宮藏謝四四八
謝三六	宮藏謝四一四
謝三七	宮藏謝一五五正反
謝三八	宮藏謝一
謝四三	宮華師一一三
謝四五	宮華師七二部分正反
謝四七	宮華師七五
謝四八	宮華師六八
謝五一	宮華師五〇
謝五二	宮華師一〇〇
謝五三	宮華師九五
謝五四	宮華師六一
謝五五	宮華師九八
謝五六	宮華師八〇
謝五八	宮華師三五
謝六〇	宮華師七
謝六一	宮藏謝四九正
謝六二	宮藏謝二六
謝六三	宮藏謝二八七
謝六四	宮藏謝二〇三
謝六五	宮藏謝七四
謝六六	宮藏謝一九五
謝六七	宮藏謝一四五
謝六八	宮藏謝五〇
謝六九	宮藏謝一一七
謝七〇	宮藏謝六五正

《謝》編號	《宮藏謝》《宮華師》編號
謝七一	宮藏謝二三五
謝七二	宮藏謝九九正
謝七三	宮藏謝一二七
謝七四	宮藏謝一五〇
謝七五	宮華師六
謝七六	宮華師五六
謝七七	宮華師四
謝七八	宮華師二
謝七九	宮華師五二
謝八〇	宮華師五七
謝八一	宮華師八八
謝八二	宮華師一〇二
謝八四	宮華師二四
謝八五	宮華師七二部分正反
謝八六	宮華師二九
謝八八	宮華師一
謝八八	宮華師二六
謝九〇	宮華師六四
謝九一	宮華師一七
謝九二	宮華師四九
謝九三	宮華師一二
謝九四	宮華師五九
謝九七	宮華師九七
謝九八	宮華師九
謝一〇〇	宮華師四七
謝一〇一	宮華師六七
謝一〇二	宮華師五五

《謝》編號	《宮藏謝》《宮華師》編號
謝一〇三	宮華師六〇
謝一〇五	宮華師四三
謝一〇六	宮華師二〇
謝一〇七	宮華師七一
謝一〇八（全）	宮華師三〇
謝一一二	宮華師五正
謝一一三	宮華師三九正反
謝一一四	宮華師八五
謝一一五	宮華師一〇五
謝一一七	宮華師八
謝一一八	宮華師九〇
謝一一九	宮華師一四
謝一二一（全）	宮華師一八
謝一二四	宮華師三
謝一二五	宮華師八二
謝一二七	宮藏謝四六四
謝一二八	宮藏謝四五三
謝一二九	宮藏謝三八二左半
謝一三〇	宮藏謝三八二右半
謝一三一	宮藏謝一〇八
謝一三二	宮藏謝四七八
謝一三三	宮藏謝八〇
謝一三四	宮藏謝八一
謝一三五	宮藏謝二七〇
謝一三六	宮藏謝二六九
謝一三七	宮藏謝一三九正
謝一三八	宮藏謝六〇
謝一三九	宮藏謝一四七正反
謝一四〇	宮藏謝一三六
謝一四一（反面倒置）	宮藏謝八三

《謝》編號	《宮藏謝》《宮華師》編號
謝一四二	宮藏謝七三
謝一四三	宮藏謝一〇一
謝一四四	宮藏謝一六五
謝一四五	宮藏謝一四一
謝一四六	宮藏謝八二
謝一四七	宮藏謝一九〇正反
謝一四八	宮藏謝四四七
謝一四九	宮藏謝一一六
謝一五〇	宮藏謝四五七
謝一五一	宮藏謝一三七
謝一五二	宮藏謝二七四
謝一五三	宮藏謝一九九
謝一五四	宮藏謝九五
謝一五五	宮藏謝三三二
謝一五六	宮藏謝二三七
謝一五八	宮藏謝一三五
謝一五九	宮藏謝二七二
謝一六〇	宮藏謝五〇八
謝一六一	宮藏謝四四
謝一六二	宮藏謝二六一
謝一六三	宮藏謝七
謝一六四	宮藏謝九三
謝一六五	宮藏謝一八七
謝一六六	宮藏謝四五一
謝一六七	宮藏謝二二
謝一六八	宮藏謝一五八
謝一六九	宮藏謝三七一
謝一七〇	宮藏謝一六六
謝一七一	宮藏謝一四六反
謝一七二	宮藏謝一一三

《謝》編號	《宮藏謝》《宮華師》編號
謝一七三	宮藏謝一八五正
謝一七四	宮藏謝一九八
謝一七五	宮藏謝五五
謝一七六	宮藏謝四七
謝一七七	宮藏謝三一四
謝一七八	宮藏謝五二
謝一七九	宮藏謝一四〇
謝一八〇	宮藏謝一九
謝一八一	宮藏謝一九一
謝一八二	宮藏謝二〇五
謝一八三	宮藏謝一〇〇
謝一八四	宮藏謝二七
謝一八五	宮藏謝一一八正
謝一八六	宮藏謝二三三
謝一八七	宮藏謝二五二
謝一八八	宮藏謝二〇八
謝一八九	宮藏謝三五一
謝一九〇	宮藏謝三八八
謝一九一	宮藏謝三九〇
謝一九二	宮藏謝四一
謝二〇一	宮華師四〇
謝二〇二	宮華師二五
謝二〇四	宮華師一一
謝二〇五	宮華師三二
謝二〇七	宮華師一五
謝二〇八	宮華師一〇
謝二〇九	宮華師一一一
謝二一〇	宮華師九九
謝二一一	宮華師四八
謝二一二	宮華師六三

《謝》編號	《宮藏謝》《宮華師》編號
謝二一三	宮華師五一
謝二一四	宮華師一九
謝二一五	宮藏謝二六八
謝二一六	宮藏謝二六四
謝二一七	宮藏謝一七六
謝二一八	宮藏謝一五七正
謝二一九	宮藏謝二六三
謝二二〇	宮藏謝一七一
謝二二一	宮藏謝五六
謝二二二	宮藏謝六三
謝二二三	宮藏謝三一二
謝二二四	宮藏謝六四
謝二二五	宮藏謝八七
謝二二六	宮藏謝一〇
謝二二七	宮藏謝二五七
謝二二八	宮藏謝二三六正
謝二二九	宮藏謝一七五
謝二三〇	宮藏謝五三
謝二三一	宮藏謝二六六
謝二三二	宮藏謝一七二
謝二三三	宮藏謝四七四
謝二三四	宮藏謝四六二下半
謝二三五	宮藏謝一〇七
謝二三六	宮藏謝二三八正
謝二三七	宮藏謝六七
謝二三八	宮藏謝二〇九
謝二三九	宮藏謝二五四
謝二四一	宮藏謝一六七
謝二四二	宮藏謝二〇七
謝二四三	宮藏謝一二〇

《謝》編號	《宮藏謝》《宮華師》編號
謝二四四	宮藏謝四二九
謝二四五	宮藏謝一四三
謝二四六	宮藏謝二六七
謝二四七	宮藏謝三二〇
謝二四八	宮藏謝二二五
謝二四九	宮藏謝七二
謝二五〇	宮藏謝二〇四
謝二五一	宮藏謝一三四
謝二五二	宮藏謝三〇九
謝二五三	宮華師六二
謝二五五	宮華師九六
謝二五七	宮華師七四
謝二五八	宮華師八七
謝二五九	宮華師七九
謝二六〇(全)	宮華師一三
謝二六一	宮藏謝三〇五
謝二六二	宮藏謝二七七
謝二六三	宮藏謝二〇〇
謝二六四	宮藏謝七五
謝二六五	宮藏謝一一
謝二六六	宮藏謝四八
謝二六七	宮藏謝一一五
謝二六八	宮藏謝一二三反
謝二六九	宮藏謝一七七
謝二七〇	宮藏謝一二二
謝二七一	宮藏謝四七二
謝二七二	宮藏謝三一〇
謝二七三	宮藏謝三三三
謝二七四	宮藏謝一八三
謝二七五	宮藏謝一六

《謝》編號	《宮藏謝》《宮華師》編號
謝二七六	宮藏謝一八九
謝二七七	宮藏謝二九六
謝二七八	宮藏謝二一〇
謝二七九	宮藏謝一六四正
謝二八〇	宮藏謝三三四
謝二八一	宮藏謝一七四
謝二八二	宮藏謝一八四
謝二八三	宮藏謝一三八
謝二八四	宮藏謝一一二
謝二八五	宮藏謝一五四
謝二八六	宮藏謝二四四
謝二八七	宮藏謝一八八正反
謝二八八	宮藏謝六九
謝二八九	宮華師二三正反
謝二九二	宮藏謝三一九
謝二九三	宮藏謝七七
謝二九四	宮藏謝四七九
謝二九五	宮藏謝九六
謝二九六	宮藏謝二八二
謝二九七	宮藏謝五
謝二九八	宮藏謝九
謝二九九	宮藏謝三五八
謝三〇〇	宮藏謝一五三
謝三〇一	宮藏謝四
謝三〇二	宮藏謝一三一
謝三一七	宮藏謝一四八反
謝三一八	宮藏謝二九三
謝三二一	宮藏謝九一
謝三二二	宮藏謝三九一
謝三二三	宮藏謝一三〇

《謝》編號	《宮藏謝》《宮華師》編號
謝三二四	宮藏謝三六六
謝三三六	宮華師二二
謝三三七	宮華師三一
謝三三八	宮華師四六
謝三三九	宮藏謝三六七
謝三四九(全)	宮華師三八
謝三五三	宮華師七〇
謝三五四	宮華師六六
謝三五五	宮華師二七
謝三五六	宮華師二八
謝三五七	宮華師三六正反
謝三五九	宮藏謝二四二
謝三六〇	宮藏謝六一
謝三六一	宮藏謝一三三
謝三六二	宮藏謝四五
謝三六三	宮藏謝二七五
謝三六四	宮藏謝三一一
謝三六五	宮藏謝二八四
謝三六六	宮藏謝二一六
謝三六七	宮華師三七
謝三六八	宮華師三四
謝三六九	宮藏謝二七六
謝三七〇	宮藏謝二五三
謝三七一	宮藏謝四三七
謝三七二	宮藏謝一三二
謝三七四	宮藏謝四〇一
謝三七五	宮藏謝一五六正
謝三七六	宮藏謝六二
謝三七七	宮藏謝三三五
謝三七八	宮藏謝一〇三反

《謝》編號	《宮藏謝》《宮華師》編號
謝三八一	宮藏謝三三九
謝三八二	宮藏謝九七
謝三八三	宮藏謝三
謝三八四	宮藏謝四六六
謝三八五	宮藏謝三七七
謝三八六	宮藏謝四五九
謝三八七	宮藏謝四六五
謝三八八	宮藏謝一二一
謝三八九	宮藏謝三六
謝三九〇	宮藏謝二四七
謝三九一	宮藏謝三五九
謝三九二	宮藏謝一四九正
謝三九三	宮藏謝三二五
謝三九四	宮藏謝九二
謝三九五	宮華師一〇六
謝三九七	宮藏謝四七五
謝三九八	宮藏謝三五三
謝三九九	宮藏謝三六四
謝四〇〇	宮藏謝四五〇
謝四〇一(全)	宮華師一一〇
謝四〇三	宮華師六九
謝四〇四	宮華師一〇一
謝四〇五	宮華師一〇四
謝四〇六	宮華師一〇八
謝四〇七	宮華師五四正
謝四〇八	宮華師三三
謝四〇九	宮華師八一
謝四一一	宮華師七六
謝四一二	宮華師七三
謝四一三	宮藏謝四〇四

《謝》編號	《宮藏謝》《宮華師》編號
謝四一五	宮藏謝四六三
謝四一六	宮藏謝三四八上半
謝四一九	宮藏謝三五六
謝四二〇	宮藏謝三八三
謝四二二	宮華師四五正反
謝四二三	宮藏謝三七六
謝四二四	宮藏謝四四六
謝四二五	宮藏謝四七一
謝四二六	宮藏謝四三五
謝四二七	宮藏謝三九五
謝四二八	宮藏謝四四四
謝四三三	宮藏謝四三四
謝四三四	宮藏謝四六一
謝四三五	宮藏謝一〇九
謝四三六	宮藏謝四一七
謝四三七	宮藏謝一一九
謝四三八	宮藏謝四四三
謝四三九	宮華師九四
謝四四〇	宮華師一〇九
謝四四一	宮藏謝四三六左下
謝四四二	宮藏謝三九三
謝四四三	宮華師八三
謝四四四	宮華師九一
謝四四五	宮藏謝三四八下半
謝四四六	宮藏謝四〇五
謝四四七	宮藏謝四二三
謝四四八	宮藏謝四四九
謝四四九	宮藏謝三四六
謝四五〇	宮藏謝四一九
謝四五一	宮藏謝三八一

《謝》編號	《宮藏謝》《宮華師》編號
謝四五二	宮藏謝四二四
謝四五三	宮藏謝三六二
謝四五四	宮藏謝四〇〇
謝四五五	宮藏謝三九九
謝四五六	宮藏謝三九七
謝四五七	宮藏謝四六二上半
謝四五八	宮藏謝四六〇
謝四五九	宮藏謝四〇八上半
謝四六〇	宮藏謝四〇八下半
謝四六一	宮藏謝四一三
謝四六二	宮藏謝四四五
謝四六三	宮藏謝三六八
謝四六四	宮藏謝四二五
謝四六五	宮藏謝三八四
謝四六六	宮藏謝三五二
謝四六九	宮藏謝三五七
謝四七〇	宮藏謝四二一
謝四七五	宮華師九二
謝四七六	宮華師八九
謝四七七	宮藏謝四二八
謝四七八	宮藏謝四五四
謝四七九	宮藏謝三六三
謝四八〇	宮藏謝三四三
謝四八一	宮藏謝三七三
謝四八二	宮藏謝四〇九
謝四八五	宮藏謝三六五
謝四八六	宮藏謝三八七
謝四八九	宮藏謝三五五
謝四九〇	宮藏謝三七九
謝四九九	宮藏謝四五二

《謝》編號	《宮藏謝》《宮華師》編號
謝五〇〇	宮藏謝四七三
謝五〇一	宮藏謝四三九
謝五〇二	宮藏謝四〇六
謝五〇三	宮藏謝一八
謝五〇四	宮藏謝四一八
謝五〇五	宮藏謝四三六上部
謝五〇六	宮藏謝四二二
謝五〇七	宮藏謝三八六
謝五一〇	宮藏謝四三八
謝五一一	宮藏謝四四一
謝五一二	宮藏謝三六九
謝五一三	宮藏謝四一二
謝五一四	宮藏謝四〇
謝五一五	宮藏謝四七〇
謝五一六	宮藏謝五〇七正
謝五一七	宮藏謝三五四
謝五一八	宮藏謝三六〇
謝五一九	宮藏謝三九四
謝五二〇	宮藏謝二四〇
謝五二一	宮藏謝三六一
謝五二二	宮藏謝三四五
謝五二三	宮藏謝四五五
謝五二四	宮藏謝四一一
謝五二五	宮華師八四
謝五二七	宮藏謝三八五
謝五二八	宮藏謝四二七
謝五二九	宮藏謝三八〇
謝五三〇	宮藏謝四五六
謝五三一	宮藏謝三七五
謝五三二	宮藏謝四一五

《謝》編號	《宮藏謝》《宮華師》編號
謝五三三	宮藏謝三四二
謝五三四	宮藏謝四三〇
謝五三五	宮藏謝三九八
謝五三六	宮藏謝三七二

表九　本書甲骨綴合表

本書編號	綴合號	綴合者	備注	綴合出處
一二	合三三七五（京二一一五、善二五八六）	方稚松	遥綴	《拼集》第八五則
一三	合六六七六（珠九三三、合補一八九六、東文研一二九四）	吴麗婉	遥綴	《拼五》第一一八六則
二〇	合補一六八〇（歷拓一一〇八八）	何會		《拼集》第二五九則
四一	合八三〇九（鐵一〇七·一）	李延彦		《拼續》第五八一則
七一	合三四六八八（京人二三七四）	周忠兵		《歷組卜辭新綴三十例》第八組，《古文字研究》第二六輯
七五	合三二〇七〇（存補一·一一七·二）	展翔		《殷契綴合第五〇、五一則》第五〇則，先秦史研究室網站，二〇一一年三月三日
七九	宫藏謝三九〇（謝三三二、京四八〇三）	蔡哲茂		《綴續》第四二〇組
八六	合三〇八〇七（北圖二八七五、鄴初下三三·七、京四二〇九）+合三〇九五一（善一四六七一）	蔡哲茂、莫伯峰		《綴續》第四三九組；《拼集》第二三一則

表十　本書事類索引表

類別	本書編號
人物（王、貞人、貴族、職官等）	一〇、一一、一二、一七、一九、二〇、二八、三〇、三一、三二、三三、三四、三五、三六、三七、三八、三九、四〇、四一、四二、四三、五四、七二、七八、七九、八九、九〇、九六、一〇七、一〇八
軍事（征伐、戰争、軍隊）	一二、一三、一九、二〇、四一、七二
方域（地名、國族名、方位等）	二〇、二一、三九、四〇、四四、七八、九七、一〇〇
貢納與徵賦	三六、四一、四五、七九
社會生産（農業、畜牧業、手工業、商業）	四六、八八、八九
出行（巡行、田游、田獵）	二〇、七二、七三、八〇、一〇〇、一〇一、一〇二、一〇三、一〇四、一〇五、一〇七、一〇八、一一〇
天象與氣象（星象、卜雨、卜風等）	一、八、九、一四、一六、一七、二七、二八、七一、九七、九八、一〇二
占疾問夢（疾病、生育、身體、夢幻等）	八
祭祀祝禱（犧牲、受祭者、祭法、祭儀、祭日等）	四、五、六、七、一五、一六、一八、二二、二三、二四、二五、二六、四六、五一、五二、五三、六五、六六、六七、六八、七〇、七四、七五、八一、八二、八四、八五、八六、八七、八八、八九、九〇、九一、九二、九三、九四、九五、九六、九七、九九、一〇三、一〇六
卜旬卜夕	七六
文字習語（兆序辭、干支、其他單字及殘字、用辭、占辭、兆辭等）	二、三、二九、三一、四七、四八、四九、五〇、五五、五六、五七、五八、五九、六〇、六一、六二、六三、六四、六九、七七、八三、一〇九、一一一
習刻、僞刻、無字	七二、八三、一一一、一一二、一一三、一一四、一一五、一一六、一一七、一一八、一一九、一二〇、一二一、一二二、一二三、一二四、一二五、一二六、一二七、一二八、一二九、一三〇、一三一、一三二、一三三、一三四、一三五、一三六、一三七、一三八、一三九、一四〇
記事刻辭	三六、四一、四五、七九

表十一 本書人名、地名、官名索引表

類别	小類	名稱	本書編號
人名	商王、商族	王	三〇、三一、七二、八九、九〇、九三、九六、一〇七、一〇八
		我	四三、四六
	貞人	㱿	三五、三六、三七、三八
		内	一七
		㗊	二八
		永	三九
		争	三二、三三、三四、四一
		出	六七
	貴族	雀	一〇、二〇
		〔𠂤〕般	四一
		皐	七八
		矦	七九
		㹜	一九（或爲地域名）
	婦女	婦笶	四一
		婦某	三六、四二
	史官	小叡	四一
		中	四一
國族名		哭	一二
		㞢	一九、三九
		䍿方	四四
神主名	祖先	父甲	八一
		父某	七四
		母己	六五
		母辛	六五
		妣某	七
		祖甲	八四
		祖丁	五、九一

類别	小類	名稱	本書編號
神主名	祖先	祖某	四、八五
		丁	二三
		河	二五
		𢆶	二二
		夒	七五
地名	地域	卤〔邑〕	二〇
		喪	二一、一〇〇
		濘	七八
		夫	九七
		㹜	一九（或爲貴族名）
		南	四〇
官名		任	四〇
		侯	一一、一二
		臣	二三
		小臣	三五
		多某	五四

引書簡稱及參考文獻

《庫》　［美］方法斂、白瑞華《庫方二氏藏甲骨卜辭》，上海商務印書館石印本，一九三五年。
《南坊》《南明》　胡厚宣《戰後南北所見甲骨録》，上海來薰閣書店石印本，一九五一年。
《京》　胡厚宣《戰後京津新獲甲骨集》，群聯出版社，一九五四年。
《續存》　胡厚宣《甲骨續存》，群聯出版社，一九五五年。
《安明》　許進雄 *The Menzies Collection of Shang Dynasty Oracle Bones*（《明義士收藏甲骨文字》），加拿大皇家安大略博物館，一九七二年。
《明後》　許進雄《殷墟卜辭後編》，（臺北）藝文印書館，一九七二年。
《謝》　［日］松丸道雄《謝氏瓠廬殷墟遺文》，（東京）汲古書院，一九七九年。
《合》　郭沫若 主編《甲骨文合集》，中華書局，一九七八至一九八二年。
《存補》　胡厚宣《甲骨續存補編》，天津古籍出版社，一九九六年。
《合補》　彭邦炯、謝濟、馬季凡《甲骨文合集補編》，語文出版社，一九九九年。
《花東》　中國社會科學院考古研究所《殷墟花園莊東地甲骨》，雲南人民出版社，二〇〇三年。
《掇三》　郭若愚《殷契拾掇（三編）》，上海古籍出版社，二〇〇五年。
《宮藏謝》　故宮博物院《故宮博物院藏殷墟甲骨文·謝伯殳卷〔壹〕〔貳〕》，中華書局，二〇二二年。
《宮華師》　故宮博物院《故宮博物院藏殷墟甲骨文·謝伯殳卷〔叁〕附編　華東師範大學藏謝伯殳等甲骨》，中華書局，二〇二二年。
《合集來源表》　胡厚宣 主編《甲骨文合集材料來源表》，中國社會科學出版社，一九九九年。
《綴續》　蔡哲茂《甲骨綴合續集》，（臺北）文津出版社，二〇〇四年。
《拼集》　黃天樹 主編《甲骨拼合集》，學苑出版社，二〇一〇年。
《拼續》　黃天樹 主編《甲骨拼合續集》，學苑出版社，二〇一一年。
《拼五》　黃天樹 主編《甲骨拼合五集》，學苑出版社，二〇一九年。

蔡哲茂《殷墟甲骨文字新綴五十一則》，《古籍整理研究學刊》二〇〇三年第四期。
周忠兵《歷組卜辭新綴三十例》，《古文字研究》第二六輯，中華書局，二〇〇六年。
展　翔《殷契綴合第五〇、五一則》，中國社會科學院先秦史研究室網站，http://www.xianqin.org/blog/archives/15148.html，二〇二一年九月十七日。
［日］松丸道雄《散見於日本各地的甲骨文字》，《古文字研究》第三輯，中華書局，一九八〇年。（劉明輝譯）
［日］松丸道雄《甲骨文僞造問題新探》，《古文字研究》第六輯，中華書局，一九八一年。（陳維廉譯、陳應年校）
山東大學東方考古研究中心等《濟南市大辛莊遺址出土商代甲骨文》，《考古》二〇〇三年第六期。
蔡哲茂《〈甲骨文合集〉辨僞舉例》，《漢學研究》第二十四卷第一期，二〇〇六年。

中國社會科學院考古研究所安陽工作隊《安陽殷墟大司空村東南地二〇一五至二〇一六年發掘報告》,《考古學報》二〇一九年第四期。
李宗焜《甲骨文字編》,中華書局,二〇一二年。
香港中文大學中國文化研究所劉殿爵中國古籍研究中心,漢達文庫(甲骨文),http://www.chant.org。